陪孩子走过小学

PEI HAIZI ZOUGUO XIAOXUE

李志林◎编著

中国商业出版社

图书在版编目（CIP）数据

陪孩子走过小学 / 李志林编著. —北京：中国商业出版社，2013.7

ISBN 978-7-5044-8171-9

Ⅰ. ①陪… Ⅱ. ①李…Ⅲ. ①小学生－家庭教育

Ⅳ. ① G78

中国版本图书馆 CIP 数据核字 (2013) 第 160903 号

责任编辑：王晓暖

中国商业出版社出版发行

010-63180647 www.c-cbook.com

（100053 北京广安门内报国寺 1 号）

新华书店总店北京发行所经销

北京毅峰迅捷印刷有限公司

*

710×1000 毫米 16 开 16 印张 220 千字

2013 年 9 月第 1 版 2013 年 9 月第 1 次印刷

定价：32.00 元

* * * *

（如有印装质量问题可更换）

前言

很多父母常常有这样一个疑问：小学6年究竟有多重要？

儿童心理学研究表明，小学阶段是孩子个性形成和矫正的关键时期，如果在这一时期，父母能够对孩子进行正确的引导和教育，孩子的个性和行为习惯就会进入一种良性循环。反之，如果错过了这个“最有效教育期”，即使付出10倍的努力，也极有可能是无效的。孩子的成长就像树木的成材一样，在幼苗期，只有及时放弃那些没有用的枝干，小幼苗才会成长为参天大树；孩子的成长也是如此，在小学阶段，父母只有及时地帮助他们把坏习惯、坏个性“修剪”掉，他们才会朝着正确的方向成长。

看看那些在初中就“变差”的孩子，看看那些在高中“落后”的孩子，看看那些在成年之后“变坏”的孩子，他们几乎都会有相同的经历：小学时父母不重视，老师不喜欢……毋庸置疑，是否抓住孩子最为宝贵的、发展自我的6年，这将影响孩子一生的命运！因此，当孩子进入小学的时候，父母所准备的不仅是购买书包、文具，也不仅是提前预习功课，而是需要帮助孩子完成心路历程的转变，养成良好的学习习惯。

父母是孩子最好的老师，父母的素质修养、教育方法将直接决定孩子的素质。父母将是孩子这个阶段最好的引路人。不仅如此，孩子的成长需要全部家庭成员参与，默契合作。教育不是光讲大道理，而是把父母的爱化为涓涓细流，时刻滋润孩子成长的心田。只有在父母的言传身教和默默陪伴下，孩子良好的学习习惯的培养，才会延续，才会拓展，才会伴随孩子从初中、高中到大学，最终走向社会，受益终身。所以，要想让孩子成人成才，父母就要把握小学这个关键期，帮助孩子去适应小学生活，培养孩子学习的能力，帮助孩子成为一名优秀的小学生。

父母是孩子最贴心、最直接的护航者，对孩子一生的发展都有着极为深远的影响。在亲子关系中，父母和孩子沟通无论采用什么样的方式，重要的是最终要有效果。孩子的进步似乎是自然而然且不可阻挡的过程，父母只要用全心的爱去陪伴，并静静地等待和欣赏就已足够。本书将会告诉你如何与孩子一起学习、一起成长，让孩子的小学生活变得充实而有意义，为孩子完美的学生时代奠定基础。

目录
Contents

第一辑　小学是黄金期，六年决定孩子的一辈子

第二辑　一年级至六年级，父母一定要了解的孩子特点

第三辑　和孩子一起入学，帮孩子适应小学生活

第四辑　及时关注孩子的动向，解决小学生常见的生活问题

第七辑　和孩子“一对一”，好成绩需要父母的陪护

第八辑　让孩子学会自我保护，孩子的健康需要父母呵护

第十辑　小学将入初中，父母和孩子要重视哪些事

第一辑

小学是黄金期，六年决定孩子的一辈子

如果把孩子的一生比做一幢高楼大厦，那小学阶段就好比这幢大厦的地基。如果地基打不牢，孩子的整个人生就很容易沦落为“豆腐渣工程”。

小学阶段是给孩子一辈子打基础

或许有人会问：为什么“地基”是小学阶段，而不是幼儿园阶段呢？父母不妨想一想：如果一个孩子在幼儿园阶段没学好，这会影响他小学阶段的学习成绩吗？但如果这个孩子在小学阶段还没找到学习的“感觉”，到了中学阶段，他还有学习的信心吗？如果一个孩子在幼儿园阶段经常任性、无理取闹，到了小学阶段，他的这些坏习惯还可以改正，但如果小学阶段他仍然任性、胡闹，到了青春期，他的这些坏习惯还能改正吗？幼儿园阶段和小学阶段同是孩子人生的初始阶段，但这两个阶段的孩子却有着很大的不同。就拿学习来说，幼儿园阶段的孩子还处于幼儿期，理性思维还未形成，他们常常不懂得学习的重要性。但小学阶段的孩子开始进入了儿童期，他们的理性思维在迅速发展，如果父母正确引导，他们会以极大的热情去对待学习。重要的是，如果孩子在幼儿园阶段没有产生学习的热情，在小学阶段，当理性思维形成后，这一缺憾可以得到及时的补救；但如果孩子在小学阶段对学习仍然还没走上“正道”，那随着叛逆的青春期的到来，他们的学习成绩及学习积极性也许永远也得不到提升。

所以，如果把孩子的一生比做一幢高楼大厦，幼儿园和小学阶段都可以看做是“地基”，但它们的构成以及所起的作用却是有所不同的。幼儿园阶段就好比“地基”最下层的沙土、碎石，而小学阶段却是“地基”中的钢筋、水泥。沙土、碎石的质量对地基的稳固效果所起的作用不是很大，但如果钢筋、水泥的质量出了问题，那这幢大厦就是一个名副其实的“豆腐渣”工程了。所以，小学阶段才是“地基”中的“地基”，它才真正起着为孩子的人生打基础的作用。

具体来讲，小学阶段为孩子的人生所起的“地基”作用有哪些呢？

1. 为学习信心打基础

每当小学阶段的孩子学习不用心时，父母们就会这样教育他们：“再不好好学，到了中学你就更跟不上了！”事实就是这样的，虽然小学阶段的知识很简单，但它与中学的知识之间具有很强的连贯性，如果孩子在小学阶段所掌握的知识量不够，那在接受起中学阶段的知识时，就会遇到很多困难。当然，更重要的是，如果孩子在小学阶段没学好，那他对中学阶段的学习也很难有信心。

有一个这样的孩子：小学6年，他的成绩一直不突出。进入中学之后，他有强烈的提高学习成绩的欲望。但欲望虽强烈，行动却非常令人失望：遇到难题，他想都不想就会放弃；成绩不见提升，他的学习热情一下就消失得无影无踪……

有一次有人问这个孩子：“你想提高成绩，但为什么这么容易就放弃学习呢？”

这个孩子叹了口气，用一种看破人生的语气跟我说：“我的成绩从小学到现在一直都没有进展，看来这就是命呀！”

看，这个孩子的悲观态度就是在小学阶段留下来的“后遗症”，他的主要症状就是对学习缺乏信心。这个孩子在小学时成绩不突出，到了中学时代就早早“认命”了。如果孩子一旦对成绩“认命”了，他就再也不会有学习的热情。更可怕的是，这种“认命”的态度还会延续到其他方面，也许父母们早已发现了这样一种现象：那些成绩不好的孩子在体育、特长等方面都不会很出众。为什么会这样呢？因为他们都存在这样一种心理：我成绩不好，其他方面也理所当然可以差。在这种情况下，孩子缺乏的不仅仅是对学习的信心，还有对自己人生的信心。

小学阶段是孩子学习生涯的初始阶段，在这一阶段里，学习是孩子的主要任务，因此，孩子最需要的就是好成绩所带来的成功体验。如果在整个小学阶段，孩子从没体验过好成绩所带来的愉悦感、成就感，那他们就会产生极大的失败感，而且这种失败感会伴随他的整个学习生涯，甚至整个人生。所以，小学阶段不仅仅是孩子在为知识量的积累打基础的阶段，还是在为学习信心、人生信心打基础的阶段。

2. 为人生定位打基础

一位中学生的家长曾这样抱怨：我家孩子学习成绩不好不坏，老师总是对他不重视；班里有活动他从来不积极参加，不管是在同学面前还是在老师面前，他都不会积极地表现自己……我经常抱怨他没有上进心，但他却反驳我说："这样不是挺好的吗？成绩不差、能力不差、人缘不差……"我真是对我家这个"不差先生"没有办法了。

其实，孩子之所以甘愿做"不差先生"，这体现的并不仅仅是进取心，还有对自己的一种定位，即甘愿做不出众的"不差先生"。父母要想改变孩子对自己的这种定位，真的需要下一番苦工夫。因为孩子对自己的这种定位在小学阶段就已经形成了。

在小学阶段，相信大多数父母都会发现孩子经常表现出这些行为：即使已经知道了答案，他们也不敢大声说出来，而是等别人说出之后，他们才会跟着继续说；排队时，即使是第一个到场，他们也不做排头的，而是心甘情愿地"缩"到中间去；即使是玩游戏，他们也不敢第一个尝试，而是等前面有了"出头鸟"，他们才敢去尝试……这些小细节体现的都是孩子对自己的一种定位——不思进取、不想出头、不敢争第一。为什么会出现这种情况呢？

这与孩子所处的小学阶段有很大的关系。在小学阶段，孩子的各种能力都在快速发展，与此同时他们的自尊心也愈加增强。在很多时候，他们自尊心的增强速度常常会超过各种能力的发展速度。因此，大多数小学生都有这样明显的特点：自尊心很强，但能力相对来讲很弱。在这种情况下，他们怕出错、怕出丑……所以，他们常常不想争第一，也不敢争第一。大家知道，如果孩子甘愿这样定位自己，那他们的人生定位就已经很明确了：不会有所作为、不自信、不敢承担责任……彻底成为一个不求上进的人。所以，从孩子进入小学开始，父母就应该引导孩子向积极的方面定位自己。

家教智慧点拨

小学阶段的知识很简单，但它与中学阶段的知识之间具有很强的连贯性，如果孩子在小学阶段所掌握的知识量不够，那在接受起中学阶段的知识时，就会遇到很多困难。

小学时期是孩子人生观价值观的萌芽

期在人生观、价值观的萌芽期，小学阶段的孩子都在想些什么呢？很多孩子会这样说："我的理想是做明星，这样就可以一夜成名了！""我的理想是当老大，手下有很多兄弟，这样我就没有得不到的东西了！""我的理想是做大款，这样我就有数不清的钱，就能享尽荣华富贵了！"……我们不要对这些话感到特别惊讶，因为虽然孩子的理性思维在发展，但相对于外部复杂的成长环境来说，他们的那点理性是微不足道的。因此，这些小学阶段的孩子就像那些急需养料的幼苗，在吸收土壤中营养成分的同时，也会把土壤中那些毒素吸入体内。如果农夫不及时帮助幼苗排毒，它们很有可能就会枯萎、死亡；同理，如果父母不及时帮助孩子"排毒"，孩子很有可能就会因此而走上弯路。所以，在孩子人生观、价值观的萌芽期，父母最主要的任务就是随时注意孩子的思想动向，以防孩子误入歧途。

具体来讲，父母可以从以下几方面去努力。

1. 不要让物欲占据了孩子的头脑

仔细分析孩子的想法我们会发现，他们的不理性多与物欲有关，为什么孩子的头脑中会满是物欲呢？这与他们周围的成长环境有很大的关系：媒体的宣传误导、周围人的物质攀比误导，但对孩子影响最大的还要数父母的无意误导。

在生活中，即使孩子在身边，父母们也常常会这样聊天：“楼下的小王又换了一辆新车，有钱真好！”“我们单位的王姐嫁了一个大款，这下一辈子都能享福了！”

在小学阶段，孩子的是非分辨能力还很弱，他们就像周围人思想的吸收器，不管是好思想还是坏思想，他们都会一并收入脑中。就在父母闲谈聊天时，不管父母是否意识到，不管父母是否愿意，这种“崇尚物质”的思想就已经被孩子吸收了，并成了他们人生观、价值观的一部分。

在现代社会，媒体、周围那些崇尚物质的人都在向孩子传播着物质高于一切的思想，如果父母还经常不经意地向孩子传达这一思想，那孩子的头脑只能是被物欲所占据，物欲也只能成为孩子人生观、价值观的一部分。所以，不管是与孩子聊天时，还是在与周围人闲谈的过程中，父母都应该注意，不要把物质至上的观念传达给孩子。

2. 让孩子远离媒体产生的负面影响

当今社会，媒体的宣传在影响着孩子的思想，影响着孩子对自己未来的定位。但在很多时候，媒体对孩子的影响并不仅限于这些。

孩子刚刚读小学四年级，每天只注重穿衣打扮，对待学习毫无积极性而言。不仅如此，为了满足自己追求时尚和个性的需求，她常常要求父母给她买一些昂贵的名牌衣服。每当遭到父母的拒绝时，她就会这样跟父母理论：“你们凭什么不给我买新衣服呀，你看人家那些参加“非常6+1”的孩子的父母，人家都全心全意地帮助孩子。与那些父母相比，你们根本就不合格！”

一个刚刚读小学四年级的孩子，就讲出这么一大堆“歪理”来与父母理论，我们只能说，是媒体让她“走火入魔”了。小学阶段的孩子对事物的认识还仅限于表面，他们不会透过表面现象去挖掘事物的本质，他们是最容易被媒体毒害的群体。在一般情况下，媒体的误导常常会使他们产生一系列的连锁反应：盲目地追求时尚与个性，盲目地向父母提要求，盲目地向父母索求支持……如果感觉不到父母的支持，或是遭到了父母的反对，他们还会埋怨父母不爱他们。

小学阶段是孩子人生观、价值观真正萌芽的时期，如果他们时刻以那些依靠选秀成名的明星为偶像，那他们很容易把学习抛在脑后；如果他们从现在开始就把选秀这条路作为自己今后的人生道路，那他们很容易进入这样的误区：只会索取，不懂付出，把父母对自己的爱与支持看做是理所应当……所以，要想使孩子具备正确的人生观、价值观，父母一定要时刻注意，让孩子远离媒体造成的负面影响。

当然，在各种媒体都迅速发展的现代社会，要想让孩子不与媒体接触也是不可能的。但如果父母已经注意到了媒体对孩子的负面影响，就应该提前采取策略，巧妙地减少媒体对孩子的毒害。一位聪明的父亲分享了自己的经验：

每当有孩子参加“非常 6+1”，在舞台上尽情地表现自己时，我就会这样对女儿说：“他们现在在舞台上是风光，但你知道他们在台下排练时流了多少泪水、付出了多少努力吗？”这样，女儿就不再盲目地崇拜偶像的时尚或个性，而是开始佩服他们的努力。每当“非常 6+1”的参与者紧张地“PK”之后，我都会这样引导女儿：“人生处处有这样的舞台，只要谁一放弃努力，谁就会被淘汰。”这样，女儿对这些选秀节目的认识就不再仅限于表面了。

小学阶段的孩子就是这样的，如果没有人引导，他们对事物的认识就只会停留在表面上。但与此同时，小学阶段的孩子学习能力又是极强的，他们崇拜成人、相信成人，只要成人稍加点拨，他们的认识就会逐渐变得深刻起来。就像上述案例中的情况，在没有人引导的情况下，孩子认为那些“非常6+1”的成功仅仅是凭借他们的时尚和个性，但在父母的点拨下，她很快就意识到了努力与付出对成功的重要性。所以，即然父母们无力改变媒体中的负面信息，那就凭借自己的力量，让孩子的思想和认识变得更加深刻吧！

家教智慧点拨

每当我与孩子们讨论未来时，他们都会争先恐后地描述心中那个理想的自己。随着自我意识的发展以及认知能力的提升，小学阶段的孩子经常会思考自己的未来，并幻想未来的自己在社会中的定位。实际上，这就是孩子人生观、价值观的最初体现。

小学阶段亲子关系的“预热期”

身边很多亲子关系不好的父母都曾这样抱怨过：“自从孩子上了初中之后，就再也没听过我的话！”难道初中阶段是一个被恶魔控制的阶段？为什么亲子之间的矛盾都会在这一阶段集中爆发呢？其实，父母们只看到了问题的表面，亲子之间的矛盾之所以在初中阶段爆发，是因为在小学阶段就种下了“祸根”。

为什么这样说呢？在小学阶段，虽然孩子的自我意识得到了一定的发展，但由于他们正处在“权威崇拜期”，即使父母的教育方式使他们不舒服，他们也很少反抗，所以亲子之间很少有激烈的矛盾。但正因如此，也为亲子关系的恶化埋下了“祸根”。

进入到初中阶段，孩子也迈入了另一个特殊时期——青春期。随着自我意识的继续发展，青春期的孩子不仅摆脱了“权威崇拜期”，还开始强调“自我”，不再向任何“权威”低头。这时，如果父母还像之前那样不讲究策略地“管教”孩子，孩子就会“爆发”，把之前的压抑以及现在的不服一起“爆发”出来，所以，亲子之间的矛盾就会接连出现了。

在小学阶段，父母与孩子之间的关系看似平静，但它实际上却是一个关系升温的“预热期”或关系恶化前的“沉默期”。很多时候，父母常常意识不到这一点，他们那些脱口而出的话很快就会转化为亲子关系恶化的“导火索”。所以，父母一定要杜绝这样几种教育观念：

1. “我是老子，你就得听我的。”

相信大多数父母对这样的场景都不陌生：“关掉电视，快去写作业！”还没等孩子反应过来，父母就已经把电视机关掉了。孩子正在客厅里画画，家里来客人了，父母根本没有征求孩子的意见，就一边把水彩笔装在盒子里，一边催促孩子说：“回你自己的房间去画吧！”虽然小学阶段的孩子崇拜父母，但他们也有自己的感受。

一个小学三年级的孩子这样对他的老师说：“我非常喜欢看《喜羊羊与灰太狼》这部动画片，但只要一听到爸爸上楼的声音，我就得把电视机关掉。”

“只要不影响写作业，看一会儿动画片是可以的，你可以跟爸爸讲明这些呀！”老师积极地为他出谋划策。

“没用的，我爸爸不喜欢那部动画片，只要看到我在看，他就会把电视机关掉，所以我还不如自己把电视关掉呢。”这个孩子无奈地说道。

这位父亲就是以“老子”自居的典型，自己不喜欢动画片，就不允许孩子看，这是多么霸道的行为呀！孩子因为爸爸不喜欢动画片，一听到爸爸上楼的声音，他就自觉地把电视机关掉。一个小学阶段的孩子能表现出如此自觉的行为，这是好现象吗？幸亏他面对的是小学阶段的孩子，如果换成是初中阶段的孩子，相信这位父亲与孩子之间的矛盾早已层出不穷了。

随着年龄的增长，孩子的自我意识会一点点觉醒，当意识到自己与父母是平等的之后，他们就会觉得自己之前的盲从行为是可笑的。在这种情况下，他们不但不会再相信任何权威，而且还会有意抵触之前的那些权威。

可想而知，当孩子的自我意识完全觉醒之后，如果父母再以“老子”自居，再用那些霸道的教育方式去教育孩子，孩子的反抗力度将会更大！在这种情况下，亲子之间的感情只能是迅速走向恶化。

2. “再考不好，你就别回家了。”

小学阶段的知识虽然简单，但由于种种原因，很多孩子的成绩总是不理想。于是父母常常这样教育孩子：“这么简单的题目，考这么少的分数，你还有脸回家！”“再考不好，你就别回家了！”……进入小学之后，孩子已经有了一定的生活经验，他们知道父母的这些话语只是气话。但即便如此，仍然会使孩子产生这样的感觉：在父母心目中，分数比我更重要；爸爸妈妈不喜欢我，他们只喜欢高分数……在这种感觉的影响下，即使事后父母仍然像以前那样照顾孩子，孩子也会觉得自己与父母之间产生了心理距离。

一次、两次这样的情况不会对亲子之间的感情造成很大的冲击，但出现的次数多了，孩子与父母之间的心理距离就会转变成化解不开的“疙瘩”，这样，亲子之间的感情就会一点点走向恶化。

3. “我怎么会生出你这样的孩子？”

“我怎么会生出你这样的孩子？”这是任何一个孩子都不愿意听到的一句话！

有个孩子很聪明，但自控能力很差，身上的坏习惯很多。一天，这个孩子非常痛苦地对奶奶说：“这个世界上的任何人、任何一个地方都不会容纳像我这样的坏孩子，是吗？”

看他如此伤心的样子，奶奶赶忙安慰他：“你不是坏孩子，老师和同学们都很喜欢你呀！”

“我经常闯祸，经常给爸爸妈妈添麻烦，连爸爸妈妈都嫌弃我、讨厌我，有谁还会喜欢我呢？”这个孩子边哭边伤心地说。

后来经过细问奶奶才知道，这个孩子如此伤心是事出有因的：他与邻居家的小伙伴发生了一点矛盾，情急之中，他不小心把小伙伴打伤了。回家之后，他的爸爸一边批评他，一边感慨：“我怎么会生出你这样的孩子？”他把这句话记在心里了，所以才会如此伤心。

“我怎么会生出你这样的孩子”，这虽然是父母的一句气话，但被孩子听到耳朵里，却有很多其他的含义，它意味着父母对孩子的嫌弃、厌烦以及冷漠。小学阶段的孩子虽然不像幼儿园阶段的孩子那样依恋父母了，但父母仍然是他们心灵的归宿。如果连父母都嫌弃他们、讨厌他们，这就好比被全世界抛弃了。

在小学阶段，孩子的自尊心正在快速发展，如果他们经常被一种抛弃感所包围，他们能健康成长吗？他们与父母之间的关系能不恶化吗？所以，明智的父母们，请千万不要用那些气话来伤孩子们的心！

家教智慧点拨

如果父母教育方式科学，并懂得运用一些增加亲子感情的小技巧，就会为亲子之间关系的继续升温积蓄力量；但如果父母运用的是不科学的教育方式，这就等于为日后亲子关系的恶化埋下了“祸根”。

小学是孩子学习生涯的提前准备期

我们都知道，小学的知识相对比较简单，不管是用“笨学习方法”还是“巧学习方法”，只要肯用功，孩子一般都能取得好成绩。但这种“笨学习方法”却有非常严重的“后遗症”，一旦孩子在小学阶段已经习惯了某种“笨学习方法”，他的思维就会习惯性地沿着这种“笨学习方法”的套路延续下去，并且不懂得变通。这样，到初中就感到学习困难了。

一位家长带着孩子来找孩子的老师，一进门，家长就求救说：“老师，你快想想办法救救这孩子吧！”

这个孩子是老师以前教过的学生，今年刚升入初中。老师请这对父女坐下来讲述情况。

这个孩子低着头对老师说：“老师，我不想上学了！初中的课程太难了，尤其是数学，我总是跟不上老师讲课的速度，有时还听不懂，每次数学成绩都不及格，丢死人了！”

她的父亲也跟着感叹说：“这孩子在小学时成绩挺好的，怎么到了初中就突然跟不上了呢？难道初中的课程真的有那么难？”

其实，并不是初中的课程难，而是这个孩子那种“死用功”的学习方法在初中已经“失效”了。为什么这样说呢？

很少有家长知道，这个孩子学习很用功，但属于“死用功”，不懂得运用技巧。就拿她的数学学习来说，每次上数学课，她都会把老师的板书工工整整地抄在笔记本上。老师劝过她很多次，上课要以听课为主，笔记可以有重点地记，但她根本不把老师的话当回事。老师也曾多次向她的父亲反映过这件事，但他也执迷不悟地说：“孩子成绩好才是最主要的，至于用什么学习方法就由她去吧！”

父母在这方面大意了，所以，孩子出现了现在这种状况。

进入初中后，要学的科目明显增多了，知识的灵活性也大大增强了，如果孩子只会用那种“笨学习方法”学习，他们势必就会跟不上。长期如此，免不了会出现厌学、不想上学的情况。上面所讲述的那个孩子就是被这种“笨学习方法”害了！

小学阶段是孩子学习生涯的初始阶段，在这一阶段，孩子的记忆力在迅速发展，这时的孩子就像在刚刚学习走路，他们所迈的每一步都会对将来产生深远的影响。不管将来走多远，他们会一直延续现在走路的姿势、走路的方式。所以，如果小学阶段的孩子一直在用不科学的“笨方法”学习，那这种“笨学习方法”很有可能就会伴随他们一生。

更值得父母们注意的是，使初中阶段的孩子做出改变是非常难的一件事情。初中阶段，孩子正好处于青春期，他们情绪多变、容易烦躁、固执己见……要求他们做出改变，不但不易达到目的，还会恶化亲子关系。所以，父母帮助孩子在小学阶段就找到科学的、讲究技巧的学习方法，这就等于为孩子的整个学习生涯提前做好了准备。也正因如此，小学阶段也可以看做是孩子整个学习生涯的“提前准备期”。

除了帮助孩子找到科学的学习方法之外，在小学阶段，父母们还应该帮助孩子提前做好以下几点准备：

1. 养成良好的学习习惯

优秀的中学生身上有这些共同点：掌握的知识多、思维灵活、学习能力强，教他们一种新知识，他们很快就能吸收、掌握。仔细观察他们的父母，你会发现这些父母的教育观念也异常相似：在小学阶段务必让孩子养成良好的学习习惯，并找到适合自己的学习方法，为他们将来的优秀积累“资本”。

是的，如果在小学阶段孩子就养成了良好的学习习惯、找到了适合自己的学习方法，那他们就能轻松地应对初中、高中乃至大学的一切学习任务；也正是因为拥有了这种出众的学习能力，“优秀”才会在他们的中学、大学乃至整个人生一直延续下去。然而，在现实生活中，很多小学生的父母却常常持有这样的观点：“孩子还小，有些不良的学习习惯是正常的，我们不必瞎操心，孩子长大后自然就会改掉这些坏习惯！”“只要孩子学习成绩好，那些不良的学习习惯可以忽略不计！”

从眼前来看，父母的这种观点短期内不会对孩子产生多大的影响，但从长远角度来讲，父母的这种教育观念却会影响孩子的整个学习生涯。

在进入小学之前，孩子对学习根本没有正确的概念。但进入小学之后，随着他们理性思维及认知能力的发展，他们头脑中关于学习的概念正在逐渐建立。这时，如果父母总是对孩子那些不良的学习习惯不闻不问，或总是放纵孩子那些不良的学习习惯，那孩子就会产生这样一种观念：学习是一件随便的事情，偶尔可以粗心，也可以马虎……但如果父母总是积极而有技巧地帮助孩子改正不良的学习习惯，那孩子对学习就会产生完全不同的看法；学习是一件严肃的事情，要用心，马虎不得、拖拉不得……两种完全不同的学习观念，哪一种更有利于孩子养成良好的学习习惯呢？哪一种更有利于孩子顺利走完整个学习生涯呢？相信明智的父母都会选择后者。是的，小学阶段的孩子对学习的认识几乎是空白的，父母朝哪个方向引导，孩子就会朝哪个方向发展。所以，如果父母帮助孩子在小学阶段就养成了不粗心、不拖拉等学习习惯，那这些良好的学习习惯就会成为孩子整个学习生涯顺利发展的推动力。

所以，父母们要有这样一种观念：学习习惯就好比一种模型，如果你帮助孩子在小学阶段就筑成了良好的、科学的模型，那孩子将来的学习过程就会既轻松又愉快；但如果孩子在小学阶段筑成的是歪歪扭扭、不科学的模型，那这个模型很有可能就会成为孩子将来学习道路中的“绊脚石”。因此，在小学阶段，父母们一定要有这种意识：及时纠正孩子不良的学习习惯，并注重孩子良好学习习惯的培养，为他们将来的学习生涯提前做好准备。

2. 排除对学习不利的问题

孩子进入中学阶段，父母们经常用“屡教不改”这个词来形容孩子。孩子真的是屡教不改吗？虽然父母所用的这个词有些夸张，但要想使孩子改正在小学一直延续到中学的这些“遗留问题”，父母和孩子都需要下一番苦功夫。

有个男孩子身体不是很好，每当有个病痛小毛病时，妈妈就会心疼地对儿子说：“别去上学了，落下一天课没关系，以后自己补过来就行了！”因此只要身体稍微有点不舒服，男孩就会以此为理由不去上课。

就这样一直到了中学阶段，这个孩子仍然动不动就不去上学。与以往不同的是，小学时他不去上课对成绩没有多大影响，但进入中学之后，因为经常逃课，他对学习开始有些力不从心了。没过多久，这个孩子就因为对学习丧失了信心而辍学了。

为什么孩子在小学时逃课不会影响学习成绩，而在中学逃课成绩就会一落千丈呢？这是因为小学和中学是截然不同的两个阶段：小学阶段的知识比较简单，而且缺乏灵活性，考试时主要考察课本内容，只要孩子把课本“吃透”了，即使经常不去上课，也能考出很不错的成绩；但到了中学阶段情况就完全不同了，学科在增多、知识越来越复杂，更重要的是，考试时不只是考察课本内容，还考察孩子对课本知识的运用，如果孩子经常不去上课，他们就根本不知道那些知识如何运用。长期如此，他们对学习表现得力不从心也是正常的。所以，在小学阶段，父母就应该帮助孩子把那些问题清除掉，这也等于为孩子将来的学业发展提前做好了准备。

家教智慧点拨

帮孩子把那些对学习不利的问题，如逃学、学习态度不端正、学习积极性不高等统统“斩草除根”。这是在提前为孩子的学习道路披荆斩棘、扫清障碍。

小学是孩子智力和思维能力发展的关键期

很多父母都会疑惑：“孩子都上小学了，还用开发智力和思维能力吗？他们的这些能力在婴幼儿时期不就已经开发完了吗？”其实，这是父母们认识上的一个误区，婴幼儿时期确实是孩子智力和思维能力发展的黄金期，但脑科学的研究表明，13岁之前，儿童的大脑还没有完全发育完成，特别是6～9岁，他们的大脑还处在快速发育期。13岁前，孩子正好处在小学阶段，如果父母有意识地去开发孩子的智力和思维能力，这不仅可以增强孩子的学习能力，还能使孩子形成良好的个性和心理倾向。所以小学阶段仍然是开发孩子智力和思维能力的关键时期。

在现实生活中，自从孩子进入小学之后，大多数父母就把孩子的智力和思维能力抛在脑后了，他们关注的只是孩子是否“听话”以及孩子的学习成绩。实际上，父母的这种做法不但不能提高孩子的智力水平，反而会妨碍孩子的智力发展，削弱他们的思维能力和学习能力。

父母常常有这样的苦恼：孩子一点都不听话，都上小学了还坐不住，写作业刚写不到半小时就起来溜达。有时候，真想找条铁链子把他锁在书桌前。

这样的父母忽视了孩子的智力发展，因为提到学习，就恨不得找条铁链把孩子锁在书桌前，这样能锁住孩子的人，却锁不住孩子的心。孩子毕竟是孩子，爱玩是他们的天性，这种情况不但不利于孩子学习效率的提高，还会使他们对学习产生反感，养成消极怠工的坏毛病。最为关键的是，父母这种“锁着”孩子学习的做法还会严重影响孩子的智力发展。脑科学家研究发现，孩子大脑的发育与身体的运动协调能力是共同发展的。在刚刚进入小学阶段时，大多数孩子都很难控制自己的身体活动，如上课时坐不住、爱做小动作等，但随着思维能力的发展，他们对自己身体的控制能力也在逐渐增强。实际上，如果父母不是强迫孩子长时间坐在书桌前，或试图把孩子“锁”在书桌前，而是给予孩子适当活动身体的机会，他们“能坐住”的时间就会一点点增加。

更重要的是，这种让孩子有“动”有“静”的学习方式，不但能够提高孩子的学习效率，还能锻炼他们的思维能力、开发他们的智力。所以，从长远角度来考虑，父母绝不能强迫孩子长时间坐在书桌前学习。

很多父母会有这样的不解：“为什么那些小学阶段的‘好学生’到了高年级却表现不出学习优势了呢？为什么那些在小学阶段成绩一般的孩子到了高年级却会突飞猛进呢？”答案是不科学的教育方式禁锢了那些“好学生”的智力发展。

在家庭中，大多数父母都会这样引导小学阶段的孩子学习：“每个生字写一行，每天写十个生字！”“把这段课文抄写三遍！”“找两道同类型的数学题来做！”……对于小学阶段的孩子来说，这种重复的学习方法确实能够起到一定的效果，但这种学习方法却只是让孩子的身体在“做苦工”，大脑得不到丝毫锻炼。长期运用这种耗费“体力”的方式学习，孩子的大脑就会变得懒惰、迟钝、麻木。

从另一个角度来讲，小学阶段的孩子都喜欢新鲜感，他们讨厌这种单调重复的学习方式，长此以往，他们不但会对学习产生反感，还会觉得学习是一件“不得已而为之”的事情。在这种情况下，他们不会主动思考，更不会主动学习任何知识，这也是孩子的智力、思维能力得不到发展的一个重要原因。在小学阶段智力和思维能力受到了禁锢，进入高年级，随着学习难度的增加，孩子的学习成绩自然会大幅下降。

而那些在小学阶段有些调皮的孩子，在高年级学习成绩之所以会后来者居上，是因为他们常常拒绝做那些单调而重复的作业，不服从父母的“管教”，智力反而没有受到严重的伤害。所以，对于这些年龄较小的孩子来说，引导他们学习时，父母一定要帮助他们运用科学的学习方法，千万不能用这种“重复”的方式来禁锢孩子的智力发展。

家教智慧点拨

在小学阶段，如果父母不注重孩子智力和思维能力的开发，孩子的这些能力就会停滞，他们之前表现出来的那些天赋也会消失。

小学阶段是孩子个性习惯塑型期

小学6年看似漫长，但一转眼孩子就要进入中学，踏入青春期。那些坏习惯、坏个性在小学阶段不改正，进入青春期之后将更难改正。父母不重视孩子习惯和个性的培养，那些坏习惯、坏个性很有可能就会带入到中学阶段。

有个老师这样感慨地说：“这孩子一到了初中就一身坏毛病，说脏话、打架、课上不爱回答问题……有时想帮他们都不知道从哪儿下手！如果在小学时老师‘把关’严一点，我们就会轻松多了！”

这位老师的感慨有一定的道理，到了初中阶段，孩子还有一身坏毛病，小学老师有责任。但在很多时候，主要责任不在老师，而在父母。孩子在学校最主要的任务是上课、学习，受课堂纪律和学校规章制度的约束，他们那些坏习惯和坏个性不易显露，但回到家后，孩子常常就“原形毕露”了。学校是孩子进入的第一个正式社会团体，所以，在这个成员众多的社会团体里，他们总会小心翼翼地表现自己。但在家中就完全不同了，家是令人最放松的地方，孩子在家中的表现才是最真实的自己。所以，最易发现孩子坏习惯、坏个性的人是父母；纠正他们这些坏习惯、坏个性，培养孩子好习惯、好个性的最佳人选也是父母。然而，当孩子处在小学阶段时，大多数父母却没有意识到自己身上的“重任”，等到孩子真的出现了问题，他们才既后悔又无奈地这样抱怨：“本以为孩子上了中学，就会改掉说脏话的毛病，但事实却是，他的语言不但越来越粗鲁，行为也越来越粗鲁了！”“本以为有我时时提醒，孩子拖拉的行为不用在意，但没想到到了中学之后，它却严重影响了孩子的学习成绩！”等孩子到了初中阶段，父母才想到去纠正孩子的坏习惯、坏个性就为时已晚了。因为在小学6年的学习和生活过程中，孩子的很多习惯、个性几乎都已定型，并不是说改正就能改正的。

所以，正是在这种意义上，小学阶段也可以看做是孩子个性和习惯的塑型期。那么，在孩子人生中的这个重要塑型期，父母应该如何帮助他们呢？

1. 给予孩子的坏行为一种明确的反对态度

对于小学阶段的孩子来说，父母们那种“树大自然直”和“只注重学习”的教育观念害处是巨大的。它不仅会使孩子错过改正坏习惯、坏个性的最佳时期，还会使孩子更加放纵自己的坏习惯和坏个性。

为什么这样说呢？这是因为小学阶段的孩子正处于“崇拜权威”阶段。在这一阶段，父母对待某件事情的态度常常决定着他们的态度。如果父母忽视他们的坏习惯，那即使孩子知道自己的行为不对，他们也会不以为然。长期如此，孩子就会失去分辨是非的能力，坏习惯只能是愈演愈烈。但只要父母给予他们的坏习惯、坏个性一种明确的反对态度，他们是很容易改掉这些坏毛病的。

身为教委主任的魏先生说：“对孩子的坏习惯、坏个性我从来不纵容，即使遇到特殊情况也不例外。当孩子生病时，很多家长常常就会放弃原则，任孩子为所欲为，我知道，孩子常常会把握住了家长的这一心理而纵容自己的坏习惯。因此，面对孩子的坏习惯，无论在什么情况下，我都会给他一种明确的反对态度，并告诉她的做法错在哪里。

“一次，女儿有点小感冒，她不洗漱就想睡觉，我严肃地对她说：‘这样做是不对的，晚上不洗漱虫子会在牙齿上‘安家’的。接着，我一边拉她下床，一边这样对她说：‘我们俩一起来个洗漱大赛，看谁洗得快’”。

生活中总会有很多特殊情况，但纠正孩子的坏习惯、坏个性绝不能有特殊情况。小学阶段的孩子常常是这样的，有时他们很懒，有时他们怕麻烦……总之，只要父母一放松警惕，他们就会任凭坏习惯、坏个性“疯长”。所以，时时刻刻给孩子的坏习惯、坏个性一种明确的反对态度，他们的这些坏毛病才能彻底改掉。

2. 改正孩子的坏行为关键是要告诉他应该如何去做，那么父母应该如何纠正孩子的坏行为呢

当发现孩子的坏行为时，应该马上告诉他正确的做法。例如：冬天有的孩子进教室后忘记了关门，父母就要告诉他：“请把门关上！”有的孩子经常因为粗心做错题，父母可以这样告诉他：“对付粗心的最有效办法就是，看到一道题，思维停顿几秒钟，然后再认真地读一遍这道题！”读到这里，很多父母肯定会问：“这种方法有效吗？”答案是肯定的。小学阶段的孩子已经有了一定的理性思维能力和是非分辨能力，但他们之所以还总是重复那些坏行为，主要是因为他们的自控能力差。面对他们的坏行为，当父母严肃而不失亲切地告诉他们正确的做法时，这就等于在向他们强化好的行为，帮助他们增强自控能力。另外，在小学阶段，孩子的自尊心已经得到了一定的发展，父母那种批评、惩罚的教育方式常常会伤害他们的自尊心。但如果父母采取“告诉孩子正确做法”的教育方式，不但不会伤害他们的自尊心，还能从侧面培养他们的自觉性。

家教智慧点拨

面对孩子的坏习惯、坏个性，父母要及时告诉他们“应该如何去做”，才是最有效的教育方式。

第二辑

一年级至六年级，父母一定要了解的孩子特点

了解小学生不同年级的心理特点、学习心理以及学生心理健康的发展目标，对父母教育孩子有很大的参考价值，对解决父母在教育中的一些困惑会有帮助，同时帮助父母了解各年级孩子的成长任务，有利于培育孩子健康成长。

一年级：一切才刚刚开始

一、一般心理特点

1. 独自进入新环境

孩子进入小学后就开始独立处理周围环境的事情，摆脱对大人的依赖了。由依恋不舍到轻松愉快，这是一年级学生的共同特征。过去听父母讲的一些事，现在可以独自去看、去听，无拘无束地去干自己想干的事，这种新鲜感充满了孩子的头脑。

2. 娇宠儿在增加

上学以后少数孩子还离不开妈妈，这是心理没有断乳的表现。这种孩子看不见母亲会感到不安，在众人面前不敢说话，回到家以后马上换了模样，大喊大叫，恢复本来面目。孩子的心理断乳是父母们普遍感觉不到的问题，即便发现了也不知怎么处理，只是强迫孩子按大人的意志上学，回家也不准大喊大叫。这种反意志行为恰好给孩子增加了不安的心理成分。现实中这种问题是两种因素造成的，不能简单归结为父母溺爱孩子，还应看到社会因素。由于社会安定性较差，孩子的人身安全缺乏保障，父母不得不随时保护孩子。另外，居住环境封闭，活动空间减少，独生子女只能伴随在父母左右，客观上使孩子得到了过多的照顾，造成娇宠儿增多。

3. 注意多变的事物

一年级学生很敏感，容易学会过去自己不懂的东西，所以提出的问题特别多。有人认为孩子爱提问题是善于思考的表现，其实这个阶段的孩子都有这个特点，只不过有的孩子爱说，有的孩子把疑问藏在心里，不表达而已。

当孩子意识到“我已经是一名小学生了”的时候，行为也会发生一些自觉变化。让他帮忙做一些事会很积极地响应，表明孩子开始明白一些社会责任了。

二、入学后的适应期

1. 以什么心态对待入学

孩子到了新环境中会拘谨或害怕。对待孩子的情绪变化，只给予适当的引导就可以了。除了学习用具和礼仪方面的准备，还有孩子自我清洁、自我保护等自理能力的锻炼。如果这方面不过关，也会影响孩子的自信心。

2. 认识老师

“老师可怕吗？”许多孩子都关心这个问题。

3. 熟悉学校环境

三、学习

对于一年级的孩子，从生活中、玩耍中学到的知识，要比书本上学到的知识更重要。通过自身体验获得的知识能使头脑更加活跃，不论成绩如何，孩子首先要保持愉快乐观的学习情趣，不要把学习知识当作负担。

四、不愿意上学的孩子

开学以后两三个月左右，大部分孩子都可以习惯学校生活，但有少数孩子仍然不愿意上学。原因可能有：其一，被小朋友欺负。其二，不能完全理解老师的讲课内容，自己又不敢发问，呆在那里，慢慢造成恐惧心理。其三，活动缓慢而落后于人，这一般是家庭溺爱造成的。由于父母总是帮助孩子做事，使孩子的手脚和感官接受锻炼的机会很少，等到和其他动作准确快捷的小朋友一起做某件事时，就显出活动不协调，速度缓慢。其四，为上厕所而为难。

家教智慧点拨

一年级学生心理健康教育目标：适应新的环境、新的学习生活，乐于与老师、同学交往，初步建立人际关系；认识角色任务，培养积极乐观的学习情趣，建立良好的行为习惯。

二年级：逐渐适应小学生活

一、一般心理特点

1. 逐渐稳定

二年级学生形象思维十分活跃，语言和行为欢快活跃。他们可以熟练地做自己想做的事，并能把自己的想法简单地记下来。无论写字、绘画还是课余时间的游戏都比较自如。在此之前，与成年人最大的差别就在于不会用文字表达思想。由于个人能力的提高和思维方式发生了变化，二年级学生心理趋向稳定，显示出一定的个性特征，个人能处理的问题越来越多，自信心不断增强，一年级时的恐慌心情已经很少见到，即使遇到了什么困难，也不会像一年级学生那样马上哭泣起来。

2. 出现竞争意识

因为已经能够判断自己的能力大小，所以在发现别人的表现比自己好或者差时，相应地会引起心理的变化。当别人不如自己时，内心暗暗感到自豪得意，这是较早出现的竞争心理。

3. 二年级学生产生了集体荣誉感

例如开运动会时，一年级学生对自己班级的运动员的胜负并不太关心，老师说咱们班胜利了，快鼓掌，孩子们才会跟着鼓掌。参加比赛的学生也不知道自己的胜负对班级会有什么影响。但是二年级学生就不同了，他们很清楚其中的关系，表现出来的行为很明显。自己班级运动员赢了，他们会欢天喜地，如果对方赢了，他们会默不作声。无论在教室活动还是室外游戏，孩子都会表现出争先恐后的特点。老师让做一件事比如擦桌子，马上会出现竞赛似的场面，最先擦完的学生会高高举起手，等待老师表扬自己。

二、学习

看待二年级学生的学习，不能单一地看学习成绩。从心理发育看，这个阶段的孩子虽然有一定的自主能力，但是，自觉学习的主动性以及分析问题时注意力的稳定性远远不够。由于个体的差别，有的孩子稍微好一些，而大部分孩子对待学习仍带有游戏的态度，所以二年级学生的学习要领有其独特之处。

二年级学生能够有效地连续学习30分钟已经相当不易了，学习一段时间后孩子便想出去玩一会儿，这是很正常的。不过，这里有两种情况：一是玩一会儿能自觉回到书桌前继续学习；二是玩起来没完没了，忘记课本，只想游戏。许多父母、老师认为对贪玩的孩子应该加强管教，有的父母甚至施以过分的教育手段。其实，过分的放任与过分的管教都失之偏颇。二年级学生有意识地抵制学习的心理机制并不成熟，同样，完全自觉地投入学习的心理机制也不完善，所以，不应该对孩子过于苛刻，能基本完成学习任务即可。

三、应掌握的行为习惯

1. 不打扰别人

孩子如果不能控制自己的言行，就会出现一些令老师、父母难堪的状况。应该利用多种场合让孩子理解：家庭是父母和孩子共同组成的，每个人都要为他人着想，站在对方的立场上考虑一下，不要只想着自己。家里来了客人，或其他事需要安静，应自觉和同学们小声说话或先学习，等客人走后再大声玩闹。孩子也不能总是安静沉闷，那也不利于孩子成长。要让孩子学会心理换位思考，即从对方的立场思考问题。二年级学生应该理解和自觉运用这些规则和习惯。大声说话令人感觉不愉快，因为影响他人的交谈或者办事，说话时能够让对方听到便可以了。从小孩子就要在这方面加以培养。

2. 外出应注意的问题

离家时间稍长时，要给父母打电话，告诉自己的情况，以便让父母放心。

3. 不说谎话

二年级学生贪玩，是生理和心理活跃的表现。由于贪玩，孩子经常忘记做应该做的事，耽误学习。为了避免被指责，有时会说谎话。一年级学生想去玩时，会直接提出要求：让我出去玩一会儿吧！但是，二年级学生便改变了方法：作业完成了！可以玩了吧。或者说：今天没有作业。刚开始发现孩子说谎话，不要太认真，假装和孩子说别的事，暗示或引导他明白相关的道理。引导的目的是，让孩子想说什么就直接说，不要隐瞒自己的想法。

家教智慧点拨

二年级学生心理健康教育目标：感受集体活动与学习知识的乐趣，形成初步的集体荣誉感；在好行为好习惯的训练中培养他“做一个好学生”的意识；学会体谅他人，诚实待人。

三年级：成为成熟的小学生

一、一般心理特点

1. 外向性——活泼、开朗

三年级学生的共同特点是积极做事，什么都想听一听、看一看、干一干，但又缺乏耐心。愿意主动参加集体活动，开朗活泼。这是求知欲旺盛、身体发育迅速的表现。

与二年级孩子明显不同的是，朋友“突然”多起来了，互相联系，成群结队地玩耍，看上去他们的关系非常好。

2. 受批评也不生气

由于行为多变好动，对什么都想看个究竟，所以去什么地方手脚都不稳当，按铃、看相册、摆弄人家的玩具等等，因此常常受到指责和批评。但是，在大多数情况下，这种指责只在短时间起作用，孩子不重视，过一会儿就故态复萌。

3. 初步懂得趋利避害

三年级学生开始表现出趋利避害的心理特点，对自己有利的事就做，有利的话就说，不利的事就躲避。这是道德观念形成过程中一个重要时期。

与同学吵架时，当老师询问吵架的理由，双方只拣对自己有利的说，不利的话则不说。这个阶段还不懂得如何合理反驳。这个特点比二年级时故意说没有作业、想出去玩的表现还要不好，因为二年级时的动机很简单，而且不是有准备的、恶意的，是单一的眼前动机造成说假话。三年级学生会有意识地回避对自己不利的一面。所以，不管是家里人之间发生争执，还是和别人吵架，父母、老师一定要听双方的意见，做出自己的判断。在做完一件事时，要从失败的地方开始总结，告诉孩子：不敢承认自己的错误是世界上最不勇敢的人。

4. 推崇有力量的英雄

三年级学生绝对崇拜有力量的英雄人物。除了动画片中的英雄之外，电影、电视中的主人公形象、影视明星、体育明星、歌星舞星，都会成为他们的偶像。这个阶段推崇学者、科学家的孩子很少，对于自己班级学习优秀的学生，也并不崇拜。

对崇拜的人物有时会达到入迷的程度。在有力量、个头高的高年级学生面前，表现得服服帖帖，孩子们对这种“孩子王”言听计从，经常聚在一起活动，仿佛是校园小团伙。

二、学习

三年级学生的压力感相当明显，老师的授课量很大，又有许多家庭作业。指导孩子掌握必要的学习方法便成为父母老师共同的义务和责任。

三年级学生有一定的观察能力，要提示孩子观察自然生物和地貌、河流等景观，写出自己的体会，提高孩子的综合观察、思考能力。

三年级学生已经表现出创造力倾向，父母和老师应有意识地注意孩子的创造性活动，必要时可以按照测量表来测试一下孩子的创造力情况，以便鼓励孩子更好地成长。

三年级学生运用乘法口诀计算是一个难关。在三年级数学教材中还增加了一些过去高年级出现的内容，需要学生有一定的判断和推理能力。

学习语文课时，需要记忆、背诵大量的汉字和诗词，应采用灵活实用的方法。

关于学习方法，目前的教学中主要采用听觉手段进行灌输式教学。据调查，学生中有70%是用听觉学习，30%用视觉学习。一旦改变方式，大部分内容用电视或图片演示给学生时，反而无所适从。三年级时，一些重要的学习方法和习惯开始产生，父母、老师要及时观察学生的变化，不要随意改变孩子的行为。要从他的角度体会当时的心理状态，协助孩子解决存在的问题。鼓励孩子自己寻找解决问题的办法，不鼓励打电话求助他人，也不能总是等着老师第二天的讲解。

三、应具备的习惯

三年级学生应该懂得并能够做到帮助大人做一些辅助劳动。这个年龄的孩子兴趣很难持久，只能让他们做一些简单的、马上就可以完成的事情。花费时间较多时，告诉他怎么做或者让他干一会儿就可以了，不能作为劳动力长时间使用。三年级学生不懂得自己的真实力量有多大，有时候会在别人面前逞能，在大人面前会成为笑话，但是在比他小的孩子面前或在家看门时容易发生意外事件。总之，三年级学生应当全面学习作为普通人应该掌握的教养和习惯。

应注意的问题是：由于三年级学生的求知欲较强，加上空间和时间概念的模糊不清，容易发生离家远走或丢失事件。

家教智慧点拨

三年级学生心理健康教育目标：掌握必要的学习方法，培养集中注意力的能力，有计划地提高注意力品质；进一步激发学习兴趣；在班队活动中善于和更多的同学交往，萌发集体意识，树立正确的偶像观；养成参与家务劳动的习惯，全面学习作为普通人应该掌握的教养和习惯。

四年级：一个难以引导的时期

四年级学生开始转变思想方法，从过去笼统的印象判断转变为具体的分析。这些分析主观性较强，偏重对自己喜欢的事物认真分析。在作文中分析一件事情，开始有了条理，尽管许多看法显得幼稚，但是这种分析方法是可贵的。在心理学上，具体分析问题的能力是抽象思维的前提。分析问题就是独立认识问题的过程。相对比较，女孩子比男孩子稍早一步。这是女孩子生理发育特征决定的。

一、一般心理特点

1. 难以引导时期

四年级学生非常难以引导是公认的，有些专家认为在学习期间，四年级学生的个性差别最大。一方面身体发育表现出明显的高矮、胖瘦差别，发育快的已接近中学生的指标，发育最慢的还像一二年级的小孩子。心理方面也是如此，由于家庭环境和其他条件的差异，孩子对事物的体验差距很大。心理发育较快的孩子，小时候看不懂、听不明白的一些事情，现在很快就可以搞明白，视野开阔、知识增长速度明显加快。去的地方多、见识多的孩子甚至表现出老成的样子。而条件不好，每天仅限于家庭、学校活动的孩子则显得孤陋寡闻。有些精力充沛的孩子已经开始阅读成人书籍，由此，个人知识面也迅速拉开差距，有的可以对老师的指导提出更多的要求。有的老师感叹：这些孩子根本管不了，知道的事比我还多呢！

四年级学生在读书方面表现出自主意识增强的特点。他们不只是寻找热闹的漫画或故事书，而且能根据自己的需要选择书籍，对理科感兴趣的孩子开始注意自然科学方面的科普类读物。意志行为中体现出比较完善的选择性。这时候表现出来的爱好还不稳定，无论是学习科目还是游戏项目。说明四年级学生总体上没有达到成年人所具有的稳定的自主能力。

2. 开始意识到“自己”

思维形式向抽象思维过渡，四年级学生可以进行比较复杂的分析，分析问题时开始确立“自己”的位置。如，这样不合适，那样又有妨碍。在反复比较、衡量的过程中开始认识自己的行为与他人行为的关系，并把“自己”作为一个独立的人，等同于他人。这个“自己”常常站在主观愿望的对立面。在处理事物时，能够说服自己，调整自己的立场和看法。

日常生活之外，文具的准备，与他人的交往，整理内务等，应完全独立完成。过去由父母打扮，现在则愿意自己打扮；过去买东西要跟随妈妈一起去，现在则自己独自去，或者和同学一起去，不受大人意见的左右。三年级以前，在外面见到什么事或者自己做了什么事回家都要和大人讲，大人不听还不高兴，但是四年级的学生发生了变化，一部分学生不愿意把在外面发生的事讲述给父母，有时自己经历的事也不告诉父母，显示出独立的个性。

3. 作假——学会欺骗

说的和做的不一致，这是令人头疼的问题。例如，让孩子在家看门，他表面答应得很好，等大人走了，他可能把门锁上去商店买吃的去了；父母让他去买洗衣粉，他可能买比较便宜的一种，而把剩下的钱买一点自己喜欢的东西，回来后隐瞒实情。

三年级学生不太会寻找理由自我掩盖，在理屈的时候沉默不语，四年级的学生已经学会了寻找对自己有利的理由替自己辩护。与小时候直来直去的表达方式相比，四年级学生知道选择语言表达不同的意思，有时隐瞒真实的情况。这是小时候发现孩子偶尔说假话时没有及时纠正所带来的恶果。

这个年龄段是培养和塑造性格的重要时期，自觉地控制和改变一些不良习惯，选择一些正当有意义的行为方式是父母、老师和同学本身都应该争取的目标。

二、学习

从四年级开始学习需要拿出真本事。三年级之前，有的孩子比较聪明，不太认真学习也能取得比较好的成绩，然而到了四年级就没有那么简单了，稍有马虎，学习成绩就有可能落下来。当然，落后一段时间可以再追赶上去，但那要花费更多的精力。

是否应该努力，怎样下工夫去学习，四年级学生应该明白这些道理。这个学年的成绩将会影响五、六年级的学习，进一步会影响到中学的成绩。

四年级的课程增加了，老师也开始像对待“大人”一样要求学生学习，许多事情都要靠自己的努力去解决。

四年级课程似乎一下子变得难了。数学中的四则运算，应用题的分析、理解等，与实际生活的联系更多了。语文教学中开始注重记忆与阅读的结合，要求学生掌握较多的阅读知识。可以运用学习参考书，检索、查阅图书资料时也可以利用图书馆。

字写得很干净，这和他们注意事物细节的心理特点有关，琢磨字的结构和组成，从中发现技巧甚至乐趣。

四年级学生的作业量继续加大，平时的疲劳紧紧束缚着少年儿童活泼的天性。

三、生活

1. 自己的事自己做

2. 容易受伤的年龄

四年级学生活泼好动，身体发育很快，灵活性和协调性不够稳定，所以，皮肉受伤的事经常发生。根据统计，在学校实行对孩子安全指导教育之前，各种伤害发生率随年级升高上升明显；实行安全指导教育以后，其他年级组下降明显，而四年级和五年级组下降不明显。说明四年级、五年级组受伤最难控制。解决这些问题的重点在于：家庭、学校、社会媒体要注意宣传安全防范，让孩子保护自己。此外，对孩子的被动保护不能过分，要让孩子增加活动机会，学会运动中的保护技巧。

3. 学会正确打扮自己

四年级学生自己有选择和分析对比的经验，所以，他们开始注意自己的外观衣着形象设计，这是走向成熟的标志之一。父母和教师应该注意引导，让他们学会正确打扮自己。

首先，穿衣服要干净、整洁。特别是女孩子，要重视自己的形象。

其次是颜色。要注意选择适合自己体型和肤色的衣服颜色，朴素的颜色如浅灰、灰白、淡绿等适合各种性格的学生。同时，一些艳丽明快的颜色装饰在男孩子的衣服上也不难看。服装颜色以自己喜欢的样式为主，不必过于追求特殊的风格。

服饰和行为礼仪是一个整体，仅靠好的服饰无法证明一个人的个性，必须在平时的学习和家庭生活中养成良好的生活作风、懂得一般社会礼仪。

家教智慧点拨

四年级学生心理学生健康教育目标：锻炼有意识记的能力，增进记忆品质；能够正确对待自己的学习成绩，勤于思考，不甘落后；有集体荣誉感，并掌握一定的社会行为规范，提高学生的社会适应能力；自觉地控制和改变不良行为习惯，初步学会休闲，提高自我保护意识。

五年级：自我心理开始出现

五年级学生可以很完整地画完一张画，有些机灵的学生可以按照大人的意图出色地完成一件事。他们的想象力已经接近现实生活。但是五年级学生在这种转变过程中，有时受特殊因素影响过于现实化，缺乏天真活泼、敢想敢干的创造性心理，发现孩子过于务实的表现，父母应鼓励他出去玩耍。

一、一般心理特点

1. 竞争意识增强

五年级学生无论在学习还是在生活中，都不甘落后。如果说四年级学生是为了应付老师而做作业，那么，五年级学生则是为了不负于同学而积极学习。动力不一样，比照对象变成了成绩比自己好的同学。这种情况下孩子容易在竞争中伤和气，容易过于疲劳。父母要注意调整孩子的作息时间，增加身体锻炼。

2. 敬佩优秀同学

五年级学生非常关心学习成绩，对于学习优秀的同学开始产生敬佩的心理。这个阶段的心理健康培养非常重要，让孩子正确对待成绩和缺点、先进与落后，避免把羡慕变成嫉妒，还要注意不能因为一时的落后就灰心丧气，也不能因为一时的优秀就骄傲自满。

3. 自己组织团体活动

独立能力增强，放学以后几个同学可以自发组织团体活动，并且具有明确的目的和行动方法。带有一些普通社会团体活动特点，而且这些小团伙不轻易解散。

4. 不轻信吹捧

五年级学生已经不轻信吹捧的话。对于："你是一个好孩子，应该……"这样的话，他会马上反驳："我不是好孩子，所以……"，并且会马上避开。所以，哄骗方法用在五年级学生身上已经无效了。孩子对许多事情有自己的打算和想法，学会了自己安排时间和活动。父母最好不要干涉孩子的正当活动。这是父母和孩子在权利和义务方面互相尊重的体现。

二、学习要领

五年级学生的门我控制能力比较强，对他们学习的指导要有针对性和启发性。

1. 加强预习

低年级的学生学习压力并不大，没有必要进行预习。四年级学生稍有不同，一些成绩稍差、反应较慢的学生应该进行预习。不过，五年级学生如果通过单元复习可以很好地掌握所学习的知识，也不一定要进行预习。

2. 接触自然、社会

学习中会遇到许多自然和社会方面的观察问题，没有实践操作经验，很难准确理解其中的内涵，应利用可能的机会接触自然界的生物和社会中的人及事，增加实践感受。

接触社会的另一个好处是培养学习兴趣，保持主动学习的态度，有利于迎接更复杂的挑战。

3. 练习写书信

五年级学生应该学会写书信。这是一生中运用最频繁的一种书写文体。

三、应注意的问题

1. 完整地做一件事

五年级学生有能力完整地做一件事，父母要鼓励和支持孩子去做。

在学校学习，有时老师为了赶进度，完成大纲规定的教学任务，把一些单元内容省略不讲，或有重点地介绍一下，剩下的部分让学生自己理解，这也是对学生个人能力的考验。

无论做什么，都应该先易后难，彻底完成。如果不做有针对性的训练，孩子会出现类似虎头蛇尾的做事习惯。要把将来成为什么人、应该怎么做、不准做什么这样的概念和想法隐含在行为中，让孩子在独立完成一件事的过程中去体会。

2. 嘲弄人

五年级学生嘲弄人的“本事”增长得很快。由一句俏皮话开头，后面就会层出不穷。这是学会开玩笑以后形成的一种语言习惯，引导好了，会形成许多幽默体裁的“作品”。

一年级学生不懂得开玩笑，遇到什么事都是一种很认真的模样。二三年级学生可以听明白笑话和一般对话的区别，但是自己不会用，常常张冠李戴。五年级学生不仅会开别人的玩笑，而且对事情喜欢用“不正经”的语气描绘一番，自己创作笑话。有时很平常的一件事，到了他们那里则能渲染得天花乱坠。不过，由玩笑引出对他人的嘲弄就不值得提倡了。要提醒孩子：不能因为开玩笑而伤害他人的感情，例如身体有缺陷、体胖或着装等。

从心理上分析，五年级学生有独立处理问题的能力，这是重要的心理基础。但同时，善于夸张，敢于冒险的个性也开始显露。

另外，现实生活中父母和老师要有效地引导孩子的好奇心，否则纵容孩子贪小便宜，致使孩子见到什么新奇东西都想据为己有，也容易诱发偷窃行为。

四、性成熟

五年级学生出现性成熟现象，尤其是女孩子。这同社会文化传播、营养改良、人文行为观念进步的刺激有直接关系。

1. 初潮及准备

性成熟现象在五年级学生中主要体现在女学生身上。

月经是普通女性都会遇到的生理现象，它是女性生理发育阶段的一个重要里程碑，是精神和心理活动的一次重大转变。根据1991年中国学生健康状况调查显示，城市女学生的初潮期要早一些，大约为12.5岁。全国平均的初潮年龄则为14~16岁。

从调查情况看，在小学五六年级学生中根本不知道生理现象的几乎没有，但是对于初潮来临时怎么处理，却有不少学生表示恐慌，心中没数。说明父母在这方面对孩子缺乏引导，没有注意到孩子可能较早地出现的生理现象。

2. 变声及保护

变声是由于喉头的快速生长，声带拉长变粗形成的一种生理现象，主要是男孩子的性特征。一般要经过两三年时间才会稳定。究竟什么时候开始变声，什么时候结束，本人往往感觉不到。男女学生都有变声期，但是男生能比较明显地感觉到，女生几乎不等发现便悄悄地完成了变声期。变声期经常发出一些自己控制不了的怪声调，引起哄笑，这是正常现象。

家教智慧点拨

五年级学生心理健康教育目标：增强学习技能训练，培养良好的智力品质；引导学生树立学习苦乐观，激发学习的兴趣、求知欲和勤奋学习的精神；培养正确的竞争意识；鼓励参与社会实践活动，提高做事情的坚持性，建立进取的人生态度，促进自我意识发展。

六年级：向青年心理过渡期

六年级学生已经确立了较稳定的性格，但是对自己本身个性的认识不是很清楚。

一、一般心理特点

1. 重视叙述理由

六年级学生处于少年心理向青年心理过渡期，既带有少年的天真，又时常表现出青年人的成熟。

随着知识的积累和对事物体验的深化，六年级学生内心世界比较丰富。除了注意事物外表的形式之外，更注意对事物的分析和主观体会，对很多问题都可以做出自己的回答。

在分析问题的过程中，六年级学生可以找到主要矛盾，抓住事物的关键。同时表现出不服输的反抗精神。往往父母说服不了孩子。

孩子讨论问题时所寻找的理由主要来自自己的生活感受，一般没有更大范围的论证能力。

2. 记忆力迅速增强

六年级学生的短时记忆力不低于成年人，记忆准确率也比较高。记忆力增强，使大脑中存储的信息迅速增加，孩子可以进行比较复杂的推理和运算。记忆力增强也是辩证思维的一大前提。

3. 对报刊感兴趣

六年级学生一般都关心报刊，寻找自己感兴趣的话题或信息。讨论文艺表演、体育比赛成为大部分人生活中的一件大事。追踪社会热点，崇拜偶像，表现出作为社会一员的责任心和浪漫色彩。

六年级学生应多参加一些公益活动，在参与社会事务过程中，逐渐理解自己作为普通社会成员的地位和角色，开始确立理想中“我”的位置，他们开始明白自己的力量到底有多大。大部分学生懂得应做适合自己能力的事情。

4. 学会讨价还价

班级选班干部时大多数人会立即表态：“我可不愿意当班干部，累死了”，“选上我也不干”。但如果真选上了，他内心会很高兴，而且会认真地完成自己的工作。

需要什么东西不是直接表现出来，而是通过其他手段与对方达成交换条件，“换取”所希望的东西。

六年级学生容易短时间失去自信，这是进入青年期的心理恐慌。要帮助他们正确理解自己的身份、位置、任务和将来的作为，把生活目标与这些有目的的行为结合起来，把“力所能及”作为自己的行为座右铭，不要因为困难太多而失去进取的勇气。

六年级学生马上要进入中学，学习压力很大。生活方面也不那么随便了，受到了更多的约束。城市六年级女学生中大约有一半都出现了月经现象，心理活动更复杂了。这些都表明，六年级学生实际上已开始进入青年时期。

二、学习要点

1. 提高学习效率

由于课程增加，六年级学生完成作业需要花费很大的精力，占用更多时间，此时提高学习效率就显得十分重要了。

2. 主动扩大知识面

除了主要课程之外，六年级学生还应涉猎一些自然科学和社会科学的内容，作为以后学习的基础。有精力的学生可以对接触到的新知识进行主动的钻研。在学习中遇到的许多疑难题目，不要轻易地寻求一个答案就放过去。

六年级学生注意社会新闻事件，对于社会动态、自然灾害、交通环境等都有一定的观察能力，对历史上一些重要时期和名人轶事也比较关心，有些学生可以运用查阅的资料写作，正面评论社会事件，对此，老师、父母应积极提供帮助。

三、应注意的问题

1. 学会合作

六年级是小学生活最后一年，所以这些学生是小学生中的大哥哥、大姐姐，集体观念比较起来应该最强。在家里也是小大人了，能理解大人做出的选择，同时知道自己应该做的事情，而且懂得集体合作的意义。

2. 承担力所能及的责任

让六年级学生敢于承担责任是有条件的，那就是前面提过的力所能及。整理房间、擦拭家具用品、清洗衣物等内务应该主动及时地做好。购买粮食、维修电器、劝阻成年人吵架等已经超出了他们能力范围，不要勉强去做。

为了指导孩子正确估计自己的能力，可以选择一些事情让他做一做看，判断能力的大小。一方面可以让胆大的孩子收敛一些，另一方面可以让胆小的孩子增强自信心，在许多事情上并不比别人差。另外，也让孩子明白，通过多次训练，可以达到较高的水平。

在尝试做新的事情时，失败是难免的，不过多次失败会伤害自尊心，应注意保护孩子的积极心态。

3. 耍心眼儿

五年级后半学期开始，学生们变得伶牙俐齿，能说会道，学会耍心眼儿了。

六年级学生懂得一些游戏规则和行为准则了，有时故意反其道而行之，或者制造假象迷惑父母或老师。六年级学生也学会了指挥比自己小的孩子做事。坐在一边等着让小同学给自己买吃的，或者让人家做事，自己在一旁指手画脚地指挥。也有的故意挑逗小同学之间打架，在一边看热闹。这是受社会不良现象和电视动画片影响，开玩笑寻求刺激带来的行为结果。喜欢指挥别人，凌驾于他人之上，也许表现出领导才能，但是如果孩子总是出坏主意，让比他小的孩子做事，就要注意引导，必要时严厉制止，避免出现不良后果。

4. 集体做坏事

六年级学生的团体意识很强，在集体活动中可以为了大家而牺牲自己的意愿和要求，但是由于不能清楚地区分自己和集体的关系，常常为了团伙的利益冒险做坏事。

根据对几百名儿童行为的跟踪调查，发现孩子们在课余时间，特别是假期成帮结伙的很多。在9～12岁的小学生中帮派意识很重，一些家庭条件好、身强体壮、喜欢支使他人的男孩子，以及模样漂亮、家里管教很松、有钱有物、行为自由散漫的女孩子都容易成为帮派的小头目。十多岁的孩子价值观念本来就不稳定，加上小头目的胡乱指挥，使孩子们手足无措，心理偏激，经常盲目做事。一些胆小的孩子害怕受欺负，故意加入一个团伙给自己壮胆，但在团伙内又不敢说话，盲目服从。

5.对过错不宜公开张扬

六年级学生发生偷窃或其他过火的违法事件时，应以内部说教的冷处理方式为好，不宜公开张扬。

家教智慧点拨

六年级学生心理健康教育目标：确立学习目标，掌握正确的学习方法，学习如何有效地利用学习时间，获取“一分辛勤一分收获”的愉悦。

小学6年之中的几个关键期

很多父母总会问这样一个问题：“小学6年，哪一年最为关键？”其实，对于孩子的整个学习生涯来说，小学6年每一年都很关键，但如果非要在这6年之中找出几个关键中的关键，那么，有4个阶段值得父母们重视。即一年级、三年级、四年级、小学高年级。为什么会这样说呢？

一年级，孩子从幼儿园进入小学，要经历一个“幼小”衔接的心理适应期。在这一时期，孩子是否能够尽快适应小学生活，将决定着他今后的学习质量。

三年级是孩子小升初的提前准备期，要想升入重点初中，孩子需要具备很多的“资历”，如多次被评为“三好生”、奥数成绩突出、在小学阶段得过很多奖项。孩子这些“资历”的具备需要从三年级就开始做好准备。

四年级是孩子学习成绩的转折期，很多孩子都是从四年级开始出现严重的厌学现象的，所以父母必须给予四年级足够的重视。

小学高年级，孩子即将进入人生中的下一站——中学阶段，在中学阶段的学习过程中，孩子的自学能力开始对学习起决定性的作用，所以在小学高年级，父母就应该有意识地培养孩子的自学能力。

有父母也许会问："如果孩子没能走好小学阶段的某个关键点，这将会对他们的人生产生什么样的影响呢？"

有个孩子在读一年级时跟大多数孩子一样，表现得极为不适应，但父母却没有当回事。孩子不想来上学，父母就帮着他用谎话请假；孩子不拿作业当回事，父母总是找理由为他开脱……老师多次告诫孩子的父母："如果你们再一味地偏袒孩子，孩子的学习道路很有可能就走不长远。"但这对父母总是听不进老师的话。

不出老师所料，因为一年级这一步没有走好，孩子从心理上一直排斥学校、排斥学习，所以他以后的学习道路走得非常吃力。到了小学高年级，他越来越觉得学校生活是一种"煎熬"，以致小学毕业证都没拿到就自动退学了。

所以，关键阶段的关键之处就在于此，如果孩子在关键阶段没有走好，他今后的学习过程会变得非常艰难。就像在一年级这个关键阶段，孩子的主要任务是适应小学的学习和生活，但如果这一任务没有顺利地完成，不仅会对下一阶段的任务产生影响，甚至还会影响孩子的整个学习生涯。

生命只有一次，人生的道路也只能走一次，所以，只有踏踏实实地迈好每一步，走好每一个关键阶段，孩子的人生道路才能少些荆棘，多些平坦。

每个人的人生道路都要一步一个脚印地走，孩子的学习道路更是如此。但只有在那些"关键期"把脚印踩得深一些，把基础打得牢一些，把问题解决得彻底一些，孩子的学习道路才能走得更踏实、更顺利。

三年级就要为小升初做准备。

重点初中的"门槛儿"往往很高，并不是孩子成绩好就能进入重点初中就读。每个进入重点初中的孩子都有一本厚厚的简历，简历中那些名目繁多的奖状和证书是他们进入重点初中就读的"资本"。例如，连续几年被评为"三好生"的奖状，作文大赛得奖的证书，奥数比赛得奖的证书。

如果进入小学高年级之后，孩子才开始为小升初做准备，那他又如何有“资本”进入重点初中呢？所以，从三年级开始，父母就应该有意识地引导孩子为小升初做准备。

到了四年级，必须提高学习成绩。

四年级对于孩子的学习成绩有着决定性的作用。在四年级，那些成绩好的孩子中，大部分学习成绩会一直保持“好”的记录；而那些成绩不好的孩子中，大部分孩子的学习成绩也很难变得出色。因此，我们找到的捷径就是，四年级务必提高孩子的学习成绩，这样，孩子就能一路畅通地优秀下去。在四年级左右，孩子自我意识正在崛起，如果几经努力成绩仍不见起色，他们的自尊心就会受到很大的伤害。在这种情况下，孩子很容易产生厌学情绪进而放弃学习。反之，在四年级，如果孩子的成绩一直很优秀，他们就会产生极大的优越感，在这种优越感的影响下，他们的成绩会越来越优秀。所以，四年级是孩子学习生涯中的重要转折期。

小学高年级，必须学会自学。

如果用一个比喻形容小学高年级阶段，我们可以把它看做是中学阶段的“能量储存期”。如果在这一阶段孩子成功地积蓄了“优质”的能量，那他的学习能力就会在中学阶段爆发；但如果储存的能量不足，孩子在中学阶段很有可能出现学习能力的“能源危机”。

那“优质”的能量到底是指什么呢？简单来说，这种“优质”的能量就是自学能力。小学高年级的孩子马上就要进入中学学习，中学阶段的学习方式与小学是有很大不同的：老师不再重复地讲解同一个知识点；老师不再手把手地辅导那些学习能力差的孩子。所以，在中学阶段，孩子的自学能力占越来越大的分量。所以，从小学高年级开始，父母就有意识地培养孩子的自学能力，这就等于为初中阶段的学习提前做好了准备。

家教智慧点拨

如果孩子在关键阶段没有走好，他今后的学习过程会变得非常艰难。所以，父母要在这些关键阶段陪好自己的孩子，为以后的学习扫清障碍。

1～6年级，阶段不同培养的重点不同

小学六年，看似一成不变的学习过程实际上却隐藏着很多“玄机”。在每个阶段，孩子都有明确的任务：一二年级，要对学习有浓厚的兴趣；三四年级，要学会用正确的学习方法学习；五六年级，要对自己的学习能力充满信心。小学6年，父母的任务就是帮助孩子完成在各个阶段的任务。

1. 1、2年级（小学低年级）——让孩子“爱上学习”

如果把小学阶段看做是一个整体，那一二年级，即小学低年级便是这个整体中的初始阶段。这一时期孩子对学习的第一感觉是“有趣”还是“无趣”，往往影响着孩子的整个学业生涯。所以，在一二年级，孩子的分数、成绩并不是重点，让孩子喜欢上学习并乐于学习，这才是父母教育的重点。

如何让孩子喜欢上学习？一位母亲这样分享自己的经验：

教孩子学习，我从来不像老师给学生讲课那样一本正经地讲，要求孩子一动不动地听，而是采用多种多样的有意思的形式。例如：在大街上教他识字；在玩“开小卖部”的游戏中教他算数；在给他读故事的过程中教他认识更多的字。现在，一提到学习，我家孩子就特别积极，因为在他心目中，学习总是与那些有意思的事情联系在一起的。

从幼儿园进入小学，特别是在一二年级，每个孩子都要经历一个适应期，这里的适应不仅仅是指心理上的适应，还包括学习方面的适应。在幼儿园阶段，大多数孩子都是在玩耍的过程中学习，进入一二年级，如果父母要求孩子马上就进入一本正经的课堂式学习状态，这不仅不现实，还会使孩子觉得学习是一件枯燥的事情。但如果父母在教孩子学习的过程中能够讲究一些策略，就像案例中那位母亲的做法，用各种有意思的方式引导孩子学习，这不但会使孩子觉得学习是一件有意思的事情，而且还能把孩子的学习兴趣极大地调动起来，从而促使他们尽快适应小学生活。

所以，从长远角度来讲，为了使孩子顺利地走过学习生涯中这个重要的初始阶段，在一二年级，父母们必须要树立这样一种观念：分数高低并不重要，孩子的学习兴趣才是最重要的。

2. 3、4年级（小学中年级）——让孩子“学会学习”

进入三四年级之后，孩子在一二年级所表现出来的诸多不适应已经消失了，他们开始以真正的“校园主人”自居了。但在这时，细心的父母会发现，孩子又出现新的问题了。很多三四年级孩子的父母经常这样抱怨：“我家孩子学习很用功，但成绩却总不见起色，这可怎么办呀？”“我家孩子只知道用笨方法学习，头脑一点都不灵活！”在三四年级这一阶段，大多数孩子都已经摸到了学习的“门道”：上课时不再坐不住，下课也会主动完成作业了，但在学习方法方面他们却仍然延续以前的“老套路”：上课听课，下课疯玩，回家后写作业。就这样，一天的学习任务就算完成了。

我们都知道，在一二年级阶段，孩子所学的都是一些最基础的知识，而且为了使孩子把这些基础知识掌握得更加牢固，在学习新知识之前，老师都会带领孩子多次详细地复习。所以，在一二年级，孩子不用什么学习方法也能把知识完全掌握。

但到了三四年级阶段，情况就大有不同了。三四年级的孩子所要掌握的知识量明显增加，而且知识也开始出现了一定的难度，老师也不再像以前那样总是重复地讲解同一个知识点了。这时，如果孩子还是按着以前的“老套路”学习，他们在知识的掌握上必定会出现“掉链子”的情况。即昨天所学的知识没有完全掌握，今天老师所讲的内容就会听不懂……长期如此，即使孩子学习再用功，他的成绩也不会有太大起色。这时，父母的重要任务就产生了，那就是引导孩子使用一些学习方法，教他们学会学习。

对此，一位聪明的母亲是这样做的：

孩子进入三年级，每天晚饭后，她都不急着催促孩子去写作业，而是这样对孩子说：“如果你先把老师白天所讲的内容看一遍，一会儿写作业时就会特别顺利。”孩子按父母所说的去做了，果真，他不仅顺利地完成了作业，还比平时节省了更多时间。不仅如此，第二天孩子一放学就兴奋地对她说：“妈妈，昨天晚上你告诉我的学习方法真有效，今天老师上课时所提的那些问题我都会，而且都抢答成功，真是威风极了！”这时，母亲及时地告诉孩子：“这种方法叫‘复习’。”

进入四年级，晚上孩子做完作业后，母亲又这样对他说：“如果你把明天都要讲的内容看一遍，明天听课时你就觉得轻松多了。”孩子照做了，因为准备充分，第二天他在课堂上又好好地“威风”了一把。从这以后，孩子知道了这种方法叫“预习”，并很快爱上了它。

“复习＋预习”的学习方法不仅能够有效地弥补孩子在学习过程中“掉链子”的现象，还能使他们把知识掌握得更加牢固。更重要的是，它还能使孩子产生学习的成就感。因为课程之间的连贯性，在三四年级，大多数老师的讲课模式都可以分为这样一两个环节：简单提问一些前一天所学的内容、讲授新知识。在提问这个环节中，因为运用复习这种学习方法的孩子把前一天所学的知识都完全掌握了，就可以在课堂上好好“威风”一把了。总能在课堂中积极地表现自己并占尽“风头”，孩子自然会越学越有劲。

除了复习和预习之外，父母还可以教孩子一些听课和做作业的技巧。比如：上课时，试着把老师所讲的内容记在笔记本上；做作业时，把简单的题目做完后，再集中精力攻克难题等等。

3. 5、6年级（小学高年级）——让孩子“越学越有劲”

进入小学高年级阶段，孩子马上就要面临小升初，这时，大多数父母都会向孩子施加压力。

一位家长就曾非常着急地说：“我都要为孩子愁死了，马上就升初中了，他对待学习还不慌不忙呢！每个周末我都会把他锁在家里，看来只能是逼着他着急了。”

原来，孩子很聪明，但就是贪玩，成绩总是上上下下不稳定。但最近一段时间，父母发现他的学习积极性明显下降，甚至有点破罐子破摔的迹象。

五六年级，孩子在学习方面正处在一个特殊阶段——学习“麻木期”。即孩子已经熟悉了学习和考试的每个环节，每天都在按着大致相同的“套路”学习，表现在学习过程中就像上面家长所说的，对待学习不慌不忙，不知道着急。在这种情况下，很多父母都会采用这样的方法给孩子施压：经常在孩子耳旁唠叨小升初的重要性，又或是把孩子锁在屋里强迫他学习。其实，父母这种过分给孩子施压的做法是不科学的。马上就要面临小升初，孩子心里不着急吗？当然着急，但由于他们对学习已经麻木了，即使心里再急，在学习上也不知该如何改变。这时，如果父母过分给孩子施压，他们着急的情绪很容易变为烦躁、焦急的心理，在这种情况下，孩子很容易对自己的学习现状失望，从而出现自暴自弃的现象。

所以，在五六年级，父母最主要的任务就是帮孩子找回自信心，帮他顺利渡过“麻木期”。在五六年级学习的“麻木期”，父母都应该有意识地给孩子的学习过程添加“佐料”。这时，让孩子品尝更多成功的滋味，他才能对今后的小升初更有信心。

家教智慧点拨

父母要记住，1～6年级，阶段不同培养的重点不同：1、2年级，帮助孩子顺利地对学习产生兴趣；3、4年级，引导孩子学会科学的学习方法；5、6年级，使孩子对学习充满信心。

第三辑

和孩子一起入学，帮孩子适应小学生活

从幼儿园到小学，不仅生活环境发生了改变，对孩子学习的要求也有很大的提高，更对孩子的心理上有着巨大的冲击。能不能适应小学环境，会不会很快适应，这直接关系到整个小学乃至孩子整个学校生活的质量。

和孩子一起做好入学准备

入学是孩子成长过程中的一个新起点，它会引起孩子在生活习惯和学习活动上的一系列变化。孩子能不能适应进入小学之后的变化，这对于他以后漫长的学生生涯有着很大的影响。

最近，虎虎妈为虎虎上学的事情忙得不可开交。虎虎爸妈工作本来就比较忙，以前孩子上幼儿园时都是爷爷奶奶接送，他们俩还比较省心。可今年，刚满六岁的虎虎该上小学一年级了，于是，虎虎妈专门花了一番工夫看了入学前准备，希望从各方面为虎虎做好准备。在暑假的时候，虎虎妈就购买了小学一年级的语文和数学课本，每天下班回来让虎虎爸引导孩子熟悉课程，认识一些生字，并适当地安排一些作业。刚开始的时候，虎虎倒是觉得很新鲜，可后来他发现每天都要花上大半天来与爸爸学习，觉得自己玩耍的时间被侵占了，经常露出一些厌烦情绪。虎虎妈怕影响孩子的积极性，只好暂时减轻了学习上的压力。

这个周末，虎虎妈就带着虎虎去购买文具，一路上虎虎满心欢喜：“我要买喜羊羊的书包、喜羊羊的文具盒、喜羊羊的铅笔。妈妈，再给我买一套喜羊羊的新衣服吧,这样我就是喜羊羊了。”虎虎妈笑着点头。在文具店，在妈妈的帮助下，虎虎挑选了铅笔、橡皮擦、直尺、小卷笔刀。在挑选书包的时候，两人的意见产生了分歧，虎虎喜欢那毛茸茸的小书包，可虎虎妈觉得太幼稚了，而且也太小了。虎虎妈细心给虎虎讲道理：“这个包包太幼稚了，只适合幼儿园的小朋友，不适合小学生。而且你到了学校，老师会发很多书给你，到时候你的包包装不下，人家小朋友就会笑话你了。”虎虎妈好说歹说，虎虎才松口了，另外选了一个书包。

作为父母，应该和孩子一起做好入学的准备，帮助孩子适应这一阶段的变化。而且，父母需要做的准备工作并不是购置学习文具、预习语文数学那么简单，最重要的还要在心理上、生活习惯上做好准备。

1. 做好入学前的心理准备

孩子在前不久还是一个天真活泼的幼儿园小朋友，现在却要开始系统化的学习，成为一名正式的小学生，这对于孩子来说是一种心理上的变化，必须让孩子在心里接受自己即将成为一名小学生的事实。

2. 培养孩子的求知欲

孩子天生就有强烈的好奇心，他在面对那些自己不明白的事情时总爱问“为什么”、“这是什么”。这时候，父母要珍惜孩子的求知欲并因势利导，启发孩子自己动脑筋，必要的时候给予他帮助，满足他的求知心理，这样可以激发他学习的欲望。另外，父母在平时可以向孩子讲述一些科学家小时候的故事等。当孩子急切地想知道一些奥秘时，父母就应该告诉他：你上学之后，老师会给你讲明白的，老师还会教给你许多知识，告诉你许多故事。这样激发孩子想上学的欲望，为其做好心理上的准备。

3. 做好身体上的准备

上了小学之后，孩子需要独立参加学习，接受各种基本技能的训练，每天需要消耗一定的体力，这时候需要孩子有健康的身体。所以，父母需要保证孩子充足的营养和休息，防止疾病，使孩子保持身心健康；让孩子养成锻炼身体的习惯，增强体质；让孩子保护好自己的感觉器官，尤其是眼睛和耳朵。另外，父母应该在孩子正式入学前带孩子到医院做一次体格检查，了解孩子的生长发育是否符合各项指标的要求，是否感染了疾病。若真的感染了疾病就必须抓紧时间治疗，以保证孩子健康入学。

4. 购置学习用品

父母应该带着孩子一起购买必要的学习用品，在选购学习用品时，父母要建议孩子选择那些美观实用的，尽可能地避免购买那些玩具性的学习用品，以免学习时分散孩子的注意力。同时，父母应该把各种学习用品的用途、使用的方法和收藏方式告诉孩子，让孩子了解各种学习用具。

上了小学，孩子就要进行系统化的学习了，若家里有条件应该给孩子准备一间书房，至少让孩子有一个固定的放文具、做功课的地方。然后再购置一个小书架，使孩子在入学开始就能有序地安排学习，完成功课，养成良好的学习习惯。

家教智慧点拨

父母需要做的准备工作并不是购置学习文具、预习语文、数学那样简单，最重要的是要在心理上、生活习惯上做好准备。

度过幼儿园到小学的过渡期

许多孩子刚上小学时都会信心十足，带着“幼儿园的小明星”这样的称号走入小学。在他们看来，这些荣耀是一直跟随着的，可一旦自己在小学受了冷落，就会产生厌学情绪。幼儿园生活对于每个孩子来说都是一段最美好的时光，在这里，每个老师所负责的学生有限，他们很容易发现每一个孩子的心，孩子也会受到相应的赞赏和重视，这无疑给了孩子很大的成就感和快乐感。

刚刚上学一周的爱爱在妈妈接她放学的时候告诉妈妈：自己不想上学了，她想回幼儿园。爱爱妈觉得很惊讶，难道是孩子不习惯小学的生活吗？爱爱妈一边安慰着爱爱，一边拉着爱爱回家。回到家里，爱爱妈忧虑地把孩子的想法告诉了爱爱爸，爱爱爸也有些担心。于是，父母耐心地开导爱爱，问她为什么会有这样的想法。爱爱憋了半天才冒出一句话：“我觉得现在的老师没有幼儿园的阿姨喜欢我，还有班上的同学也不喜欢我，音乐课上也不让我唱歌。我不喜欢这里，我想回幼儿园。”听了爱爱的话，爱爱妈明白了，原来爱爱还沉浸在幼儿园的“小明星”状态。在人多的小学班级里，她感觉到自己受冷落了。妈妈耐心地向爱爱说:“老师现在还没有看见你的优点呢,等过段时间老师就会发现你了。你要耐心等待,做好功课,老师肯定会喜欢你的。”虽然,爱爱还是撇着嘴,但似乎认同了妈妈的说法。

爱爱妈发现爱爱的状态还经常停留在幼儿园阶段,她在生活中习惯于说“吃饭饭,睡觉觉”,语言里总是出现一些重叠词。刚刚上学第一天回家来,爱爱告诉妈妈自己听不懂老师的话。妈妈问老师留了什么作业,爱爱也一脸惊讶:“老师根本没有留作业。”后来,爱爱妈打电话询问了老师,才发现爱爱根本就没明白老师所布置的作业。爱爱的动手能力也比较差,以前在幼儿园都是老师帮忙洗碗,因而爱爱根本就不会做那些事情。爱爱妈对此很担心,隔壁家的琳琳与爱爱一般大的年纪,已经可以自己去上学了,也可以一个人过马路,而爱爱还需要父母接送。也许,爱爱还需要一段时间来适应,爱爱妈心想。

孩子在刚刚进入小学时会感觉到“受挫”,这是很正常的。父母应该告诉孩子,老师需要花一段时间才能发现他的优点,让孩子放下过去在幼儿园所获得的成绩,争做一名合格的小学生。另外,在生活方面,父母要给予孩子帮助,帮助其脱离幼儿园的习惯,有意识地培养其独立意识和安全意识以及一定的学习能力。具体做法是:

1. 放松孩子的紧张心理

小学一年级的孩子正处于以游戏为主的幼儿园生活到小学的学习生活的过渡时期,一些孩子由于在入学前准备不够充分,出现了入学恐慌症。有的孩子因为压力大,晚上休息得不好,会引发身体上的疾病,比如发烧、腹泻。因此,在这一阶段,父母要和孩子多沟通,积极引导孩子的心理,可以经常赞扬“我们的小主人回来了”、“今天老师打电话说祝你成为一名小学生”等等。让他觉得当一名小学生是一件光荣的事情,放松他们的紧张心理,具备一个良好的心态。

2. 培养孩子的独立意识和安全意识

孩子进入小学了,为了消除孩子的紧张心理,父母应该培养孩子的生活自理能力，自己的事情自己做。在幼儿园，孩子习惯了凡事由老师做，但现在父母可以教导孩子自己去做一些事情，比如，刷牙、洗脸、自己大小便、穿衣服、收拾书包等；同时，父母还需要教会孩子简单的劳动，比如扫地、擦桌子，还有学习工具的使用，比如如何使用剪刀、削笔刀等。

3. 必要的安全教育

父母还应该告诉孩子一些安全知识，引导孩子自觉遵守交通规则，诸如简单的“红灯停，绿灯行”，走斑马线才可以穿越马路；还需要明白“过马路，左右看，不能在路上跑和玩”；如果迷路了要找警察叔叔而不是跟着陌生人走。还要让孩子记住自己和父母的姓名、家庭住址、门牌号、家庭电话和父母工作单位等，以备不时之需。父母还需要教育孩子不玩火，不去拨弄电源开关，不拉扯电线，不去建筑工地玩，没有父母带领不可以去游泳玩水，以免酿成事故。这些必要的安全知识一定要让孩子知道，以防万一。

4. 引导孩子的正面情绪

孩子也许在放学之后会抱怨“不喜欢上学”、“不喜欢学校”，这时候，作为父母，要尽量从正面引导孩子的情绪，尽量让上学这件事与快乐的情绪联系在一起。孩子每天放学后，你可以询问孩子“今天开不开心”、“今天又有什么好玩的”、“今天老师批评你了吗”等等，父母一定要注意孩子情绪的引导问题。父母应站在老师、学校这一边，肯定学校、肯定老师，冷静、客观地分析孩子所说的问题症结在哪里，适当地与老师沟通，消减孩子的厌学情绪，更利于孩子的学习。

家教智慧点拨

父母可以经常与孩子交谈一些学习方面的事情，告诉他学习会使人有知识、有本领，并为之提供表现的机会，使他运用学习到的知识去解决简单的日常问题，给他一种成就感。

帮孩子制订学习目标和计划

几乎每一位父母都关心孩子的学习，希望孩子刚进入小学就能够取得优异的成绩，但有的父母却不得要领，事事躬亲，却没有任何成效；有的父母则放任自流，认为没有必要管孩子的学习，全权交给老师。其实，这样的做法是不妥的。

周末，明明妈妈和爸爸带着明明回了外公家。刚走进家门，明明就向外公怀里扑去。外公用胡须扎了扎明明的脸，笑着说："咱们明明长大了，现在是小学生了，再也不是那个哭啼啼的小娃娃了。"明明摸着外公的胡须，外公抱着明明："小学一年级第一学期吧？"明明点点头，外公继续说道："这可很重要，开门第一炮，学得好外公可有奖励呢！"明明笑着点点头。

从外公那里回来，明明妈就为明明制订了学习计划：按时完成老师布置的作业；学会预习功课；每天认识一定数量的生字；多做算术题；照常上课外班，也就是明明喜欢的跆拳道。学习目标就是争取在期末考试中每科成绩都考 100 分。明明妈为了提高孩子的学习效率，还规定了写作业的时间。当然，学习计划刚开始施行的时候，明明精神很足，每天都按计划学习，后来，他就显得有点心不在焉了。明明妈觉得明明学习量有些大，调整了一下学习时间，并增加了奖励制度，比如如果明明一周学习很努力且表现优秀，周末就带着明明去公园玩，或者全家一起去吃肯德基。这样以激励为主的教育方法，很快使得明明喜欢上了学习，对制订的学习计划也欣然完成，学习效率有所提高，学习能力也大大增强。明明妈觉得要让孩子玩得痛痛快快，学得踏踏实实，这样他在学习上才会事半功倍。

实际上，即便是刚刚进入小学的一年级小朋友，也需要可行的学习计划和合理的学习目标，这样他的学习才有方向。具体的做法是：

1. 制订可行的学习计划

虽然在现实生活中，绝大多数孩子都是在父母帮助下制订的学习计划，但却往往不能成功地施行。主要原因在于他们的学习计划不合理，不是太空泛，就是太具体。有的父母制订的学习计划太空泛了，缺乏任何具体可施行的操作性，所以，学习计划根本没有发挥出它应有的作用；有的父母制订的学习计划太具体了，甚至具体到几点几分做什么，孩子不是士兵，他们根本不可能这么严格地完成；慢了就会使其他部分受到影响，最终整个计划都无法完成。因此，合理可行的学习计划应该是“长计划、短安排”，合理支配孩子的时间，不能让孩子感到太忙碌，也不能太放松，能让孩子“玩得痛快，学得踏实”，这样的一个学习计划应该是父母与孩子一起制订。

2. 制订合理的学习目标

也许，许多父母都认为孩子在小学一年级应该取得优异的成绩，诸如科科都是100分，这在大人看来并不是一件难事。但是，并不是任何一个孩子都会认为小学一年级的课程很简单，有的孩子也会感到有些难度。所以，父母应该为孩子制订合理的学习目标，而不是强行地要求“你必须考到100分”，否则孩子就会感到很大的压力，哪怕只有几岁的孩子，他也会不由自主地担心“要是我没有考到100分怎么办”，这样的忧虑心理将直接影响他的学习，也会使他产生一种厌烦情绪。父母应该让孩子明白，只要你比上一次进步就好，这样来勉励孩子不断进步。

3. 养成良好的学习习惯

良好的学习习惯对于成功地完成一个学习计划是必不可少的，父母可以和孩子一起制订作息时间表，以此保证孩子每天都能有充足的睡眠。另外，父母也可以有意识地培养孩子的专注力。时间由短到长，可以先从孩子比较感兴趣的事情开始训练。父母可以通过讲故事，吸引孩子的注意力，并通过提问来集中孩子的注意力；在生活中，父母可以请孩子帮忙拿一些东西，由一件到多件，请孩子一次性完成，比如“请你帮我拿一个梨子、两个苹果、一把水果刀和一些牙签”等。

另外，在施行学习计划的过程中，还需要注意几个问题。孩子在完成作业的时候，需要有时间概念，不能一道题就做很长一段时间；尽量不要在孩子的学习时间打扰他；尽可能让孩子不受到各方面的干扰，比如不要在书桌上放一些玩具和零食。刚开始的时候，父母可以监督和指导孩子学习，渐渐地就要有意识地培养孩子的自觉性，培养孩子独立写作业的习惯。

家教智慧点拨

父母作为孩子的领航者，应该帮助孩子制订可行的学习目标和学习计划，以兴趣作为孩子最好的老师，让孩子在愉快中学习。

让上小学的孩子喜欢上学的环境

开学前夕，父母可以带着孩子到学校去参观一下，让他见见新老师，看看新学校，熟悉一下即将要在那里度过很长一段时间的新校园环境，还可以让孩子与即将同班的孩子互相认识，一起玩耍，建立起友谊。这对于孩子以后的学习、交际都有很大的帮助。

新学期报名第一天，清清起了个大早，从衣柜里翻出了自己认为最漂亮的衣服，让妈妈帮忙穿上，然后背着自己的小书包就嚷着去学校。清清妈看着孩子那迫不及待的样子，心里很高兴，看来他对新学校、新老师、新同学还是蛮期待的。一路上，清清东看看、西看看，妈妈不失时机地告诉清清：“一会儿到了学校，应该怎么称呼老师？”清清回答：“老师好！”妈妈满意地点点头，这是昨晚自己教给清清的。清清回过头来不解地问：“为什么不能称呼老师为阿姨？幼儿园的老师我们还可以叫姐姐、阿姨。”清清妈耐心地解释；“因为你已经是小学生了，进入正式学校了，称呼就应该正式一点。称呼老师是尊敬老师的一种方式。”清清点点头。

到了学校，妈妈带着清清先去了教室报到，清清腼腆地叫了一声：“老师好！”老师笑着点点头，夸奖道：“小伙子真精神！”清清妈办完了报名手续，又对老师介绍了一些清清的情况，旁边也有几个家长在，彼此聊了起来。清清跟妈妈请示：“妈妈，我跟他们去玩一会儿”。他指了指旁边的几个小朋友，原来都是同班的同学。妈妈点点头，正好清清可以与同学之间交流一下感情。一会儿，又来了一批家长，清清妈就和其他几个家长告辞了，他们带着清清和几个小朋友参观起新学校。几个小朋友走在前面，叽叽喳喳地议论起来：“新学校真大，比幼儿园大多了”，“那边还有篮球场和足球场呢”，“食堂也很大”，“怪不得妈妈要我们熟悉这里，说不定我还找不到教室呢”，“我找得到，你以后就跟我一起玩儿吧”。清清妈一一向清清做了介绍，在哪里吃饭，在哪里上厕所，在哪里玩耍，在哪里买东西，看得清清眼花缭乱，直嚷“记不住了，记不住了”，他对这新学校又是欢喜又是害怕。

在让上小学的孩子喜欢上新的环境时，要从哪些方面去引导孩子适应新环境呢？具体包含以下几个方面：

1. 在孩子心中树立新老师的良好形象

有的父母习惯用“老师”去威胁和吓唬孩子，他们习惯于向孩子说“不听话就让老师去管你”、“上了学老师会狠狠地管你”。这样一来，孩子就会对新老师产生一种莫名的恐惧感和误解，也会影响他学习的积极性以及以后的师生关系。因此，家长要在孩子心目中树立起新老师和蔼可亲、爱儿童的第一印象，而不是以“老师”的身份去吓唬孩子。

2. 培养孩子文明礼貌的行为习惯

在与新老师、新同学见面的时候，父母要表现出对老师的尊重，同时告诉孩子与他人相处时要讲文明礼貌，见了老师要行礼问好，养成文明礼貌的行为习惯。入学对于孩子来说，就是从家里到学校，开始了集体生活。父母要引导孩子遵守学校的规章制度、尊敬老师、团结同学，让孩子在新老师、新同学面前留下好的印象，这样有利于帮助孩子在学校建立和谐的人际关系。

3. 积极引导孩子参加各种活动

孩子刚从幼儿园来到小学，来到了一个不熟悉的新环境中，老师和同学都是陌生的，老师的要求与幼儿园时也不一样，孩子会有很多不适应。这时候，孩子显得既新奇又胆怯，想跟新同学交流却又不太善于表达和沟通。在教学过程中也会相应地有些合作活动，如果孩子表现出对“活动”的惧怕，父母应该积极引导孩子克服紧张心理，促使他们融入集体活动中去。

4. 及时帮助孩子疏通心理

在开学前几天，孩子都会有些不适应，或者抱怨自己没有新朋友。这时候，父母应该及时地发现孩子的这一心理，比如每天放学回家习惯询问“今天认识新朋友了吗”、“新老师怎么样”、“有没有同学欺负你”等问题。如果孩子表示出对新学校、新老师、新同学的厌烦，这时候，父母应该正确地引导孩子走向正面情绪，让孩子明白，步入一个新环境将会学到更多的知识，也会认识更多的朋友。

家教智慧点拨

在幼儿园，孩子多以游戏为主；但小学主要是以学习为主，孩子们需要在课堂上认真地学习系统化的科学文化知识，独立完成各科作业。他们的生活和学习由松散、随意转向了严格、认真，这种根本性的改变必然会给孩子带来种种压力。为了帮助孩子减轻这方面的压力，父母应该培养起孩子学习的兴趣，让他认为小学比幼儿园更有趣。

调整小学生活的作息时间

在幼儿园，没有上课下课之说，孩子想什么时候去厕所只需要报告一声老师，而且下午放学也很早。但上了小学，就不能迟到早退，铃声响了才能下课，这一系列变化对于孩子来说是一种考验。因此，父母应该帮助孩子调整作息时间，以适应小学的正常学习。

一个月前，君君还没有正式进入小学的时候，君君妈就开始有意识地强调作息时间这个概念，以提醒君君即将迎来小学生活。君君妈每天早上7点把君君叫醒，而且最好在7点40分能吃完早饭，因为如果开始上学了，这个时间就是他们出门的时间。每天上午做一些数学作业，大概就是20以内的加减法，读10分钟的英语，然后可以出去玩。每天中午12点吃饭，饭后可以看半个小时的动画片，然后午睡40分钟。下午起床后学习拼音，君君妈采取的办法是让君君读3个带拼音的故事，大概半个小时，然后就出去玩了。下午四五点左右回家,在家里看看书,检查一下早上做的算术题,再温习一遍英语。晚上看会儿电视，9点以前必须睡觉。君君妈告诉君君，小学课间休息10分钟，可以喝杯水，上趟厕所，顺便在操场上溜达一圈。

君君正式上小学了，由于之前有着良好的作息习惯，君君倒是没有出现过什么情况。晚上按时入睡，早上按时起床，上课、放学、做作业都很有规律。可是有一天君君上学居然迟到了，原来外公来了，前一天晚上君君和外公玩得很高兴，迟迟不去睡觉，直到快11点才入睡。放学路上，妈妈已经知道君君今天上学迟到了，妈妈问君君："老师批评你没有？"君君摇了摇头。"那你怎么一副不高兴的样子？"妈妈又问。"因为我第一次迟到，而且其他同学都来了，就我一个人迟到，我觉得很丢脸。"君君委屈地回答。君君妈笑了："那下次家里有客人来了，仍要按时睡觉，这样上学就不会迟到了，知道吗？"君君点点头。

孩子从幼儿园进入小学，这是人生的一个重要转折期。他们要从以游戏为主的玩耍世界进入一个以学习为主的新环境，从没有严格的作息时间到必须按照严格的作息时间来约束自己。具体做法是：

1. 提前调整孩子的作息时间

在入学前一个月，父母可以按照小学的时间表为孩子列出一份作息计划：早睡早起，这需要父母以身作则，给孩子树立好的榜样；逐渐安排孩子减少午睡的时间，因为在小学午睡时间没有幼儿园那么长；下午的时间安排孩子看书写字，这样孩子上学后就很自然地养成了回家就写作业的习惯。

2. 严格按照小学的作息时间调整

上小学后，在孩子身边会频繁地出现“时间”这个概念，对于幼儿园那相对松散的作息时间，小学的作息时间更加严格。从早上起床时间到路上的交通时间，再到上课时间、休息时间、活动时间、作业时间、上床睡觉时间等都环环相扣。从作息时间上来看，幼儿园并不严格，上学可以早一点来也可以晚一点来，但小学却要保证各个环节的严格执行。除了需要孩子早睡早醒，还需要有意识地训练孩子长久地专注于一件事情，因为小学一节课的时间是40分钟，得让孩子能坚持下来而且不容易精神分散，你可以让孩子画一张内容丰富复杂的画，讲一个较长时间的故事。

另外，课间休息只有10分钟，这是孩子可以自由支配的时间，要让孩子知道“10分钟有多长”，并能够合理利用这一段时间，比如去上厕所、喝水、到操场活动一会儿。幼儿园有很长的午睡时间，但到了小学就没有这么长的时间休息了，父母要在孩子入学前几个月就调整孩子的午睡时间，保持和他所上小学有一致的作息时间。

3. 向孩子灌输“时间”这一概念

在日常生活中，父母需要有意识地向孩子灌输“时间”这一概念，让孩子懂得什么时间该做什么事情，并一定要坚持做好。比如，有的孩子放学回家就打开电视，直到深夜才赶写作业，这就是一个很不好的习惯。父母需要告诉孩子什么时间该做什么事情，要能够控制自己的愿望和行为。比如，写作业的时候一定要认真做好，坚持“作业写完之后才去玩”的原则，在周末休息的时候，父母可以给孩子一些自由支配的时间，但也要加以正确引导。培养孩子按时吃饭的习惯并要求孩子不拖拉，每天养成按时睡觉的好习惯，使一天的生活富有规律性，这样孩子才有充足的体力和精力来面对小学生活。

家教智慧点拨

作息时间作为一种生活习惯并不是一朝一夕就能养成的，父母最好提前一个月或者几个星期就开始帮助孩子调整小学阶段的作息时间。

帮助孩子适应小学的考试

进入小学，孩子即将迎来人生中第一次考试，他的心里比谁都紧张，害怕自己考得不好，害怕受到老师和父母的责骂。这时候，父母也着急，唯恐孩子因为忧虑的心理而影响考试。其实，在这一阶段，父母应该培养孩子克服考试的紧张心理的能力，告诉孩子，考试是学习生活的一部分，是为了检验学习成果，但考试并没有什么特别的意义，只要抱着愉快的心情去考试，尽自己最大的努力完成考试就行了，从心理上缓解孩子的紧张情绪。

经过一学期的学习，同同即将迎来小学生涯的第一次考试。一次放学后，同同不解地问妈妈："为什么要考试呢？幼儿园的时候只需要画画、写字就可以了。"同同妈停下了脚步："这学期就要结束了，你觉得自己在学校学到了些什么？"同同一项一项数了起来："算术、生字、唱歌，嗯，还有很多我想不起来了。"同同妈笑着说："你说得太简单了，还有更详细的呢。考试呢，就是测验，通过考试老师才明白你究竟掌握了哪些知识。""哦，如果我全部都掌握了是不是就可以考100分？"同同妈回答道："差不多吧，但还需要你在考试中认真与仔细，如果你粗心大意，还是会扣分的。""噢。"同同应了一声，同同妈不知道为什么从儿子那里听出了一点沮丧的信息。

第二天，同同闷闷不乐地回家了，对妈妈说："我不想参加考试了！"妈妈很惊讶，一个劲地问为什么，同同差点哭了起来："我知道考不了100分，你们就会打我骂我，我不要参加考试，也不要外公给的奖品了。"同同妈搂着同同说："傻孩子，你怎么会这么想呢？妈妈什么时候说过考不好就要打你了？"同同一手抹着眼泪一手搂着妈妈的脖子："我同桌乒乒说的。他说以前他哥哥没有考到100分，就被妈妈狠狠地打了一顿，老师也说,考试考不好就不能得奖状。我害怕！"同同妈和同同爸忍不住笑了起来，向同同劝解道："你只要认真考试，不管考得怎么样，都一样是爸爸妈妈的宝贝。"同同脸上还有眼泪："真的吗？要是我没有考100分，你们也不会打我吗？"妈妈点了点头，同同伸出了小手指与妈妈拉勾。这下，同同完全相信了妈妈，立即破涕为笑了。

进入小学后，由于孩子是第一次接触考试，父母不要将考试这样的包袱扔给孩子，让孩子产生压力，要让他们觉得这只是一次再平常不过的测验，就像是在幼儿园写一篇字、画一幅画这样简单，通过各种方式来帮助孩子放松紧张的心理。

1. 父母要以平常心看待考试

有时候，孩子心中的紧张压力其实来自于父母，父母可能经常在孩子面前说"这次考不了100分，假期就不准出去玩，在家给我写作业。""考了100分，妈妈给你买你最喜欢的小汽车，考不上就没有了"等，实际上就是变相地给孩子一些压力。父母需要营造一种轻松、和谐的家庭氛围，并给予孩子热情的支持，不要在孩子面前表现出担心或忧虑，一定要表现出对孩子有信心。另外，父母也需要告诉孩子：即便没有考好也没有关系，只要尽力就可以了。

2. 适度地调整期待目标

每一位父母都希望自己的孩子成绩优秀，这是可以理解的。但是，父母过高的期望也会给孩子造成一种较强的心理压力，使他面对考试产生紧张心理。有的父母好高骛远或者盲目地与别人攀比，认为自己的孩子考了99分，没有别人100分好，总是在孩子面前说"你怎么这么粗心呢，看别的孩子，每科都是100分”，这样就使孩子对考试有一种畏惧心理，他会认为自己考不好肯定会惹来父母的责骂，异常紧张的心理也会导致考试失常，同时也给孩子以后的学习带来不好的影响。所以，父母要适度地调整对孩子的期望目标，切忌好高骛远或盲目攀比。

3. 帮助孩子合理安排复习训练

孩子是第一次接触考试，难免会手忙脚乱，根本不懂得如何复习，也不懂得如何来处理在考试过程中出现的问题。作为父母，应该帮助孩子合理安排复习训练，并教给孩子一些应试技巧。帮助孩子复习考试科目，有目的、有规划地进行复习，比如多一些算术练习，温习以前所学过的拼音和汉字。另外，还需要给孩子讲一些应试技巧，比如，在考场要保持安静，自己写自己的，不要偷看旁边的同学，这是作弊的行为；遇到卷子上实在搞不清楚的问题，你可以选择不填或者随便填一个；认真仔细地阅读每一道题的要求，计算要准确，拼音汉字要写规范等等。这样一些应试技巧会有助于孩子缓解紧张的心理。

4. 模拟考试，减轻孩子的忧虑

在考试之前，孩子也许会感到困惑：考试究竟是怎么一回事？这时候，父母在向他解释的时候，可以模拟一次考试，让孩子在规定的时间内完成数学、语文等相关学科的考试，并且告诉他们这全部是独立完成的。当孩子进行了一次模拟考试后，他就会觉得这跟平时做练习差不多，因此就会放松紧张的心理，以平常心来面对考试。

家教智慧点拨

父母应该培养孩子克服考试的紧张心理的能力，告诉孩子，考试是学习生活的一部分，是为了检验学习成果，但考试并没有什么特别的意义，只要抱着愉快的心情去考试，尽自己最大的努力完成考试就行了。

和孩子一起动手整理好书包

孩子刚进入小学，经常丢三落四、找不到自己的书和作业本、漂亮的书包里乱得像“纸篓”，这些情形时常发生在许多小孩子身上，而造成这样结果的很大一部分原因就是父母对孩子的事情大包大揽。他们总认为孩子还小，什么事情都不会做，连整理书包这样的事情也一手包办代替。这样长期下去，孩子的生活自理能力就会越来越差，现在可能只是书包乱糟糟的，以后他的生活或许都是乱七八糟的，没有任何条理性。面对这样的情况，父母需要告诉孩子，他已经不再是低年级的小学生了，已经长大了，自己能做的事情要自己做，特别是自己的学习用品、书包一定要自己整理，这样，就不用担心东西找不到了。

早上10点，乐乐妈正在上班，突然接到乐乐从学校打来的电话。电话里，乐乐向妈妈求救：“妈妈，我今天忘了带数学书了，一会儿就有数学课了，你可不可以帮我送过来。”听了乐乐的话，乐乐妈有一点生气，但她尽量克制自己的情绪：“你怎么现在才发现呢？妈妈现在正在上班，不能专门回家为你送书吧，今天你爸爸正好在家休息，我打电话让你爸爸给你送来。”电话那边，乐乐慌张的情绪平静了下来。

晚上回到家，乐乐妈什么都没有说，直接把乐乐的书包打开，发现他的书包真成了一个名副其实的“纸篓”，简直乱得不像话。乐乐在旁边站着不吱声。乐乐妈让乐乐坐下，一边把书包里的东西取出来，一边跟乐乐说：“乐乐，你知道为什么今天会忘记带数学书吗？”“因为我没有整理好书包，所以把书本落在家里了。”乐乐说道，妈妈也没有再说什么。这时候，她已经把所有的书本都取出来了，把书包里面的垃圾灰尘清理了一遍，吩咐乐乐把书和作业本归类，语文类放在一起，数学类放在一起，然后再按明天的课程表把书和作业本一一放进书包里。她先示范了一次，然后让乐乐跟着整理了一次。乐乐妈看了看旁边桌子上的玩具和美术、音乐课本，向乐乐说道："明天没有美术、音乐课，课本就不用带了，这样你的书包就轻多了。玩具之类的放在家里，带到学校会影响你的学习。以后，每天晚上睡觉前你都要整理书包，我会陪着你一起整理，也可以你整理完了我帮着检查，明白了吗？""嗯。"乐乐点点头。

父母要从与孩子一起动手整理书包开始，教孩子看课程表，慢慢地引导孩子按第二天的课程安排来整理书包。为了让孩子学会有序地生活，父母应该有意识地让孩子做一些力所能及的事情，不要担心孩子做不了，而是慢慢地培养他独立生活的能力。

1. 教孩子如何有序地整理书包

会在日常生活中，父母需要教会孩子如何有序地整理书包。父母可以先与孩子一起交流看法，书本文具之类的学习用品应该如何摆放才更合理，使用起来也更方便。刚开始的时候，父母可以和孩子一起动手整理，教给孩子收拾书包的方法，边教边示范，这时候父母要有足够的耐心和细心，让孩子看到自己的成功，体验到快乐。

然后，可以鼓励孩子自己动手整理书包，父母则在旁边引导，这时候要以孩子的想法和做法为准。如果孩子摆放不合理，父母要启发孩子找到原因，不要强制性地批评和斥责，这样会减少孩子的主动性，挫伤孩子的自信心。当孩了能够独立整理书包了，父母就要经常检查，并做简单细致的总结，给孩子提出改进的建议，逐渐提高孩子整理书包的标准。

2. 让孩子学会有序地生活

整理书包是一个细致活儿，它包括了分类、顺序等诸多因素，让孩子先学会分类课本文具，再依照第二天的课程表来按顺序放进书包里。另外，为了减轻孩子书包的重量，让孩子把次要的课本放在家里或者教室，书包里只放主科课本。在这一过程中，孩子学会了有序整理东西。

学会有序地生活是追求高品位生活的表现，特别是对于正在成长的孩子来说，有序的生活环境有利于孩子形成文明的生活习惯，孩子将受益终身。父母不妨让孩子从收拾自己的书包开始，逐步培养有序的生活习惯。

家教智慧点拨

父母要唤醒孩子的独立意识，改变孩子事事都依赖父母的坏习惯，当孩子乐意主动动手整理书包的时候，父母要给予表扬，让孩子看到成功，体验到快乐。

第四辑

及时关注孩子的动向，解决小学生常见的生活问题

在小学阶段，最令父母们头痛的问题是什么？当然是孩子身上所存在的那一“箩筐”的坏毛病。例如，坐姿不正确、总与同学闹矛盾、沉迷于电视……面对孩子的这些坏毛病，父母应该怎么办？

孩子与同学闹矛盾，父母怎么办

周末的时候，很多父母会给孩子的班主任去电话，有的父母是了解孩子在校的情况，有的父母是反映情况，但有不在少数的父母却是在“告状”，例如，他们经常这样对老师说：“班上的某某同学总是欺负我家孩子，老师，您可要好好管管那个孩子。”“我家孩子与他的同桌一直合不来，老师，您给他们调调座位吧。”……

其实，老师一般不会赞同父母出面调解孩子与孩子之间的矛盾。因为每个孩子都会有自己独特的个性，当然也有一定的小缺点，在日常相处的过程中，难免会产生这样那样的小摩擦、小碰撞，就像一句俗话所说的：时间长了，哪有勺子不碰锅沿儿的。但如果因此父母就介入到孩子与同学之间的矛盾中去，这不但不利于他们缺点的改正，还常常会使他们丧失与他人交往的能力。

贝贝妈妈对待贝贝可谓是“无微不至”，贝贝在学校有个风吹草动，她会立刻出现在学校。有一次，贝贝因为与同桌抢占课桌的“地盘”而发生了口角，第二天，她便和贝贝一起来到学校，当着全班同学的面在课桌上划上了“三八线”，并且认真地给这两个孩子讲“规则”：“尽量都不要超越这条线，如果不小心多占了一点‘地盘’，也不应该算做是‘侵略’行为。”

虽然这个抢占地盘的“风波”很快就平息了，但从此之后，只要贝贝在学校一遇到麻烦，贝贝就会请妈妈来解决。更重要的是，知道贝贝有一位爱“打抱不平”的妈妈，别的孩子都不愿意再跟他相处了。

人类所共有的“惰性”和“依赖性”在小学阶段的孩子身上表现得最

为明显，如果父母经常介入到他与同学之间的矛盾之中，那孩子往往就会把父母当做自己的“冲锋兵”，只要在学校遇到麻烦，他们就会把父母拉过来为自己挡枪、挡炮。但这种时刻有“冲锋兵”保护的孩子下场一般都会很“悲惨”，就像上述的那个孩子，虽然有妈妈的保护他在学校永远也吃不了“亏”，但也正因如此别的孩子都不愿意与他相处了。想想看，没人愿意跟他一起玩耍、一起讨论问题，这个孩子的学校生活将会多孤单，这样的孩子会对上学和学习感兴趣吗？

因此，每当孩子找父母帮助协调他与同学之间的矛盾时，父母不要做孩子的“冲锋兵”，要做只做出谋划策的“军师”。

一次，妞妞放学后哭着向爸爸告状：“王小刚太坏了，他总是欺负我，你们看，今天他又故意把我的新鞋子踩脏了。”边哭边说，妞妞甚至还恳求爸爸去“教训”这个叫王小刚的孩子。

看到孩子情绪如此激动，妞妞爸爸没有多说话，只是认真地听她说。等到她情绪稍微稳定了之后，问她：“想不想打败王小刚？”

孩子点了点头，看得出，她是想让爸爸去帮她“报仇”。

“这样，我给你两套方案，你自己来选择用哪一套：一是爸爸帮你去教训他，这会使他老实几天，但他很有可能以后还会常常欺负你；二是你真诚地向他道歉，他把你的鞋子踩脏了，你还把他的脸抓出血了呢，你以后真诚地与他相处，没准以后你们还能成为好朋友呢！”妞妞爸爸说。

妞妞认真地研究着这两套方案，她很想选择前者，但想到以后那无休止的斗争，最终还是选择了后者。令她没想到的是，她真诚地向王小刚道歉后，王小刚也向她承认了错误，两个人真的成了好朋友。

一般来讲，小学阶段的孩子都非常“小心眼”，他们常常会因为一点小事就与同学闹矛盾，例如，同学不小心踩了他的脚、无意间碰了他一下、不经意说出了他的缺点……”靠自己的力量，他们足以解决这些小矛盾。更重要的是，在自己解决这些小矛盾的过程中，他们很容易就会总结出与他人交往的最基本规则——真诚、宽容。

就像妞妞爸爸的做法，面对孩子的求助，他没有介入孩子与同学之间的矛盾，而是充当“军师”，给孩子设计两套解决方案，故意引导妞妞用真诚和宽容的原则去解决与同学之间的矛盾，想想看，当孩子掌握了真诚和宽容这两大“武器”，并有了一定的实战经验之后，还有什么矛盾她自己不能解决？

脱离了父母的过度保护，孩子身上那些巨大的潜能才会迸发。所以，为了孩子的成长，每位父母都不应该作为他们挡枪、挡弹的“冲锋兵”，而应该成为孩子背后那个默默引导的“军师”。在小学阶段，孩子与同学之间发生小矛盾、小摩擦是再正常不过的了，但如果父母总是介入其中，这些小事很有可能就会转变成影响孩子成长的“大事”。

家教智慧点拨

在孩子的人际关系处理方面，父母不应该做“冲锋兵”，而应该做“军师”——可以为孩子出谋划策，但要让孩子自己去实践，并引导他在实践的过程中总结交际原则。

老师不喜欢孩子，父母怎么办

每当孩子与任课老师之间产生矛盾时，父母就会有这样的疑惑：“为什么很多老师对学生不能做到平等对待呢？每位老师是不是都会在心中对孩子划分三六九等呀？”

面对这样的疑惑，其实父母稍加思考就会明白这样一个道理：对待所有的朋友，你是不是都一视同仁，有没有知心朋友与普通朋友之分呢？当然，这个类比可能不太恰当，但它们之间却有十分相似的地方。实际上，师生之间的相处也是如此，没有一位老师喜欢课上扰乱课堂秩序、课下不按时完成作业的孩子，也没有一位老师会喜欢从不尊重自己、总是为难自己的孩子。

是的，每一位老师都应该以教书育人为己任，都应该不厌烦、不放弃每一个孩子，但现实的情况是，每个老师要把握一个班甚至几个班孩子的学习情况，他们的精力是非常有限的，如果一个孩子的坏行为屡教不改甚至变本加厉，那老师能够做的将非常有限。所以，父母们不能怪老师把孩子分成三六九等，你的孩子之所以会沦为老师心目中的“末等人”，问题常常出在他自己身上。那么，当老师真的流露出不喜欢孩子的“信号”时，父母应该怎么办呢？

一段时间，峰峰最常对爸爸说的一句话就是：“我看到数学老师就烦，我都上他半年的课了，从来没见他笑过。”与此同时，峰峰的数学成绩也有了明显的下降。通过从其他同学口中打探消息后，峰峰爸爸才知道，他与老师之间的关系正在一步步僵化：上数学课时他故意捣乱，数学老师对他也常常不闻不问。

峰峰爸爸知道这样下去孩子的整体成绩很有可能会一落千丈，于是找了个周末，峰峰爸爸给这位老师打了一通长长的电话。峰峰爸爸先是询问孩子在课堂上的表现情况，接着又客气地向老师道谢，谢谢他对孩子的教育所表现出来的耐心，紧接着，峰峰爸爸又向老师提了个小小的请求，请求老师在课堂上多给孩子一些表扬和鼓励。

当然，峰峰爸爸最主要的工作仍然是在孩子身上，他告诉孩子：“数学老师虽然不爱笑，那只是他独特的教学风格，这并不重要。重要的是，这位老师对你并不反感，他很欣赏你……”

最后，在爸爸的努力下，老师与孩子之间的误会与矛盾终于成功地化解了。

大多数老师都是受到过良好培训的，他们对每一个孩子都无私奉献、充满爱心，这一点毋庸置疑。但不同的是，每位老师都有自己的独特风格，例如，有些老师和蔼可亲，有些老师严肃认真，当孩子不认同老师的教学风格时，做父母的不可能要求老师改变风格，只能是说服孩子接受并适应老师的风格。

实际上，只要孩子适应了老师的风格，哪种风格的老师都能使他们受益。例如，孩子可能从性情温和的老师身上感受到耐心的伟大力量，同样，在那些严厉、苛刻的老师身上，他们会学会什么是严谨。所以，当孩子向你抱怨老师时，这实际上也是在向你传达这样的信号：我与老师正在闹矛盾。这时，你非常有必要与这位老师进行深入的沟通，向老师打听孩子身上所存在的真正问题，并协助孩子改正这些问题，以缓和孩子与老师之间的矛盾。这一点做父母的一定要谨记，当孩子与老师之间的关系出现紧张倾向时，你一定要代表孩子主动向老师“示弱”，不要指望老师单独找你来解决问题，任何老师都没有这样的时间和精力。

另外，每位老师都喜欢懂事的孩子，除了让孩子遵守课堂纪律、认真完成作业等之外，每逢教师节或其他的节日，父母还可以鼓励孩子给老师送些小礼物或写封感谢信。这不仅可以有效地培养孩子的感恩之心及尊师理念，还能使老师对孩子产生好感呢！

家教智慧点拨

当老师与孩子之间产生一些小误会时，父母找老师进行沟通是非常有必要的。不管孩子对老师的偏见有多大，请求老师对他多些表扬和鼓励，这对缓和他们之间的矛盾将会起到很大的作用。

孩子上小学了，沉迷于电视怎么办

现实中，孩子放学回家后的第一件事就是把电视机打开，一个动画片演完之后赶紧转到另一个频道，生怕浪费一点时间；一旦看起电视，饭都顾不上吃，两眼直勾勾地盯着电视机，连广告都不错过！“魂”都要被电视机“勾走”了。

为什么电视对小学生会有这么大的吸引力呢？或者说，是什么原因导致了孩子如此沉迷于电视呢？问及这个问题，大多数孩子都是这样回答的：“电视看多了，才有更多的‘资本’与同学交流。”这样的答案让很多父母感到意外。

但事实就是这样，升入小学后，孩子的大部分注意力已经从父母身上转移到同龄伙伴身上，由于电视节目是他们都喜欢的娱乐方式，所以交流电视节目就成了他们打入伙伴群体的有效“手段”。

实际上，追究这一现象的深层次原因，我们不难发现，为了增加与伙伴交流的“谈资”而长时间地沉迷于电视节目之中，这实际上是小学阶段孩子交际迷茫的一种表现。他们不知道别的同学是否喜欢自己；不知道除了聊电视、聊学习，还能聊些什么内容；他们害怕被孤立……他们盲目地认为，电视节目看得越多，就越有与同学们聊天的“资本”，就越能交到更多的朋友。

所以，父母在强迫孩子关掉电视机去学习时，应该想一想，这样对待孩子这种沉迷行为，“堵”所起的作用是非常有限的，也许在父母面前孩子会关掉电视机，但一旦父母离开，孩子又会重新坐到电视机前。所以，戒掉孩子的“电视瘾”，“堵”不是办法，巧妙地“疏导”才是长久之计。如何对孩子进行“疏导”呢？

王先生从不阻止正在上小学的孩子明明看电视，有时甚至还“鼓励”孩子去看电视。例如，有一次他神秘地对明明说：“告诉你一个好方法，可以让班上的同学们对你刮目相看。”

明明迫不及待地想知道这个好方法。卖完关子，王先生这样对他说：“每看完一个电视节目，写一篇看电视心得，这样你的思路清晰了，认识深刻了，才更有资本与同学们去交流。”

孩子照做了，的确，同学们都对他竖起大姆指。于是，“看完电视后写心得”就成了王先生家的一个规定。

但随着时间的推移，明明发现了，写“看电视心得”并不像他想象的那样简单，于是有的时候，为了不写，他宁愿放弃看电视。就这样，王先生的目的也达到了。

王先生知道暴力地阻止孩子看电视是达不到目的的。所以，他从明明沉迷于电视的原因出发，引导孩子通过写“看电视心得”来增加与小伙伴的“谈资”，这一建议的确让孩子尝到了一定的甜头。但从另一个角度来思考，孩子看电视的时间越长，看的电视节目越多，便意味着要写更多的“看电视心得”，对于小学阶段的孩子来说，这是一个并不轻松的任务。所以，为了避免这种不必要的任务，孩子自然会自动减少看电视的时间。

电视并不是“洪水猛兽”，孩子可以看，但父母必须帮助他们把握好这样两点：一是所看的电视节目，二是看电视的时间。对此，下面的办法很值得我们借鉴：

孩子每天看什么节目，看多长时间，都有明确的规定。例如，从周一到周五，放学回家后可以看半小时的动画片，写完作业后还可以看半小时的《动物世界》，除此之外，周末两天再增加一小时的看电视时间，但必须从以下几个频道挑选节目，如少儿频道、电影频道等。

父母们没有必要视电视如“大敌”而完全禁止孩子看电视，很多电视节目不管是对孩子的学习还是成长都是非常有益的。例如，根据一些儿童文学作品而改编的动画片；一些知识性的节目，如《动物世界》、《人与自然》等，这些节目不但能丰富孩子的知识，开阔他们的视野，还能因为孩子无所不知而被其他孩子刮目相看呢。

另外，要让孩子养成科学地看电视的习惯，父母必须以身作则，如果父母整日沉迷于电视，又如何去教导孩子有节制地看电视呢？更为重要的是，如果父母所制定的规则只对孩子起作用，对自己的行为却没有任何约束性，那对于孩子来说，父母的任何规定和原则都将是一句空话。

家教智慧点拨

电视不是“洪水猛兽”，事实上，看电视不仅对孩子无害还会对孩子的学习和成长起到积极作用。控制孩子看电视的时间，“堵”不是办法，巧妙的“疏导”才是万全之策。

正确对待孩子的“暴力”行为

做父母的大都有这样的经历：老师突然来电话说，孩子在学校打架了；孩子放学回来，爸爸妈妈发现孩子满脸伤痕；突然有父母来告状，你的孩子欺负了他的孩子。面对孩子的“暴力”行为，父母该怎么办呢？

孩子打架各有各的不同：有的孩子不会克制自己，在家里有不愉快的事就到外面去发泄；有的孩子是因为缺少社交的技巧，不打架就不知道怎么与同伴相处；也有一些孩子是想利用打架来树立自己在同伴中的权威；还有的孩子仅仅是模仿……这其中比较轻微的是，孩子因此会和他人矛盾不断；较为严重的，不是自己受到了伤害，就是孩子伤害到别人，有的孩子还会因为打架触犯到法律。无论是哪一种，对孩子成长都是极为不利的，因此很多父母在面对这样的孩子时，惩罚起来从不会心慈手软。但是，任何一种有效果的教育都是引导的作用，父母在面对一个好打架闹事的孩子时，一定要注意纠正他的恶习的方法。

1. 尽可能多地去了解孩子

要想矫正孩子的恶习，就要了解孩子，这是父母都知道的一个原则，但他们在了解孩子的过程中，可能不会知道到底要了解孩子什么，或者是对孩子了解得不全面。有的父母把了解孩子理解为掌握孩子的一切动向，以此来控制孩子的行为，这是治标不治本的办法。因此，要很全面地了解一个打架闹事的孩子，不仅要了解孩子本身的情况，还要了解孩子朋友的情况，这包括他们各自的爱好、他们最爱的去处、各自的家庭状况等；再一个就是要了解孩子的“敌人”，如他讨厌的人有哪些等；还要了解孩子当前面临的状况，如他又欠了多少钱、他有了哪些麻烦等；父母还要多听一听外界对自己孩子的评价，这包括正面的和负面的，这样才能客观地看待自己的孩子。

2. 消除孩子的隐患

孩子打架往往都是有他的困境的，这种困境正是事件的原因。因此，父母要及时发现孩子面临的矛盾，并且教会孩子如何去正确处理自己的矛盾。父母还要善于化解孩子与对手之间的矛盾，如找到与孩子有矛盾的孩子及其父母，让孩子诚心地进行自我批评，降低对方对自己的敌意，这样也就降低了自己孩子与他人争斗的可能。孩子的麻烦少了，生活的压力就小了，促使孩子打架闹事的因素也就少了。

3. 对孩子要有切合实际的硬性要求

在消除孩子的麻烦、关心体贴孩子的基础上，要对孩子有所要求。对孩子的要求先不要太高，父母要给孩子明确的态度：你还有哪些“困难”，有“困难”提出来，爸爸妈妈一定给你解决。然后要向孩子提出哪些范围之内的事不能做，要求孩子“做与不做”前一定要想通，想不通的事向父母说，父母不会怪你，反而会帮你解决。还要求孩子对于自己“做与不做”的事，在父母面前要给出理由。比如，一个小学五年级的孩子在学校里又一次把同学的鼻子打流血了，孩子知错了还不行，一定要知道打人的理由，因为父母掌握这些情况，对孩子以后的教育是有好处的。有的父母会用“不准再打架”的言语来要求孩子，这样要求孩子不会有什么效果的，应该明确地告诉孩子，下次与人发生冲突时，不要用打架的方式解决，应该找一个正确的方式去解决。

4. 让孩子感到背后有双眼睛

让孩子感到有双眼睛在背后，就是要对孩子的言行多加关注。父母可以定期对孩子进行生活总结。像孩子又有哪些新问题出现，下一段时间需要防范的新情况有哪些等，对这些父母要做到心中有数。还有就是对于孩子上一段时间的表现作出评价，父母要以鼓励孩子为主，对于孩子的进步，父母要使孩子感受到自己因他的进步所带来的快慰。这种总结在孩子的心里，他会看成是父母教育的一种持续，让孩子感到有双眼睛在背后，孩子也会重视父母的这份关注，从而会努力地做得更好。

5. 惩罚但不刺激孩子

对于屡教不改的孩子，父母对其要有一定的惩罚，但惩罚不能伤害到孩子，要在“惩罚中”与孩子沟通。

有一对父母对孩子屡教不改的惩罚是这样的：当孩子打一次架的时候，他的妈妈就要求孩子亲手给自己做一件礼物，以此来要求孩子表达对辜负父母期望的歉意。这些小礼物往往是妈妈和孩子一起完成的，孩子和父母在这个过程中不仅能有很好的沟通，而且两者之间的关系还能变得更融洽，这有利于改正孩子的错误。

了解、关注孩子的生活，要求、检查孩子的行为，必要的时候对孩子进行一些“惩罚”，这就是纠正一个喜欢打架闹事的孩子的五个步骤。

家教智慧点拨

面对具有“暴力”倾向的孩子，父母一定要总结教育孩子的经验，看看哪些方法是有效果的，哪些是自己的失误，这样便于改进自己的教育方式。

纠正沉迷于网络的孩子并不难

网络对孩子有着无穷的吸引力，很多上小学的孩子会整日沉沦在虚拟的网络世界；有的孩子再后来为了筹集上网的费用而去偷去抢，从而走上犯罪的道路。网络直接地威胁着孩子的健康，很多父母是谈“网”色变，更可怕的是，面对沉迷于网络的孩子，很多父母是束手无策，只有眼巴巴地看着孩子堕落。

很多孩子上网，正是由于父母缺少对孩子特别的关爱，他们与孩子没有进行必要的沟通与交流，他们不了解孩子的心理需要，使得许多孩子在心理上缺少对亲情的那份依赖，只有在网上寻求心理的安慰。孩子上网成瘾，从某一方面来说，是孩子对现实生活的一种宣泄和依赖。因此，要根除孩子的网瘾，父母要从孩子的情感世界入手。

杰杰的父母工作很忙，每晚都到十一点钟以后才回来，而这时的杰杰已经在梦乡中了。从小学到初中一直都是如此，在家里唯一能和杰杰相伴的人就是奶奶，杰杰一个月也很难和父母有一次直面的对话。渐渐地，杰杰在家里感到越来越孤独甚至在放学以后他不愿再回到那个冰冷的家。另一方面，孩子的成绩也因此变得很糟糕，同学们的嘲笑和老师的批评使他对学校也充满反感。就这样，只有12岁的杰杰开始迷恋上了网络游戏，他开始毫无节制地呆在网吧里。

面对这种状况，杰杰的父母开始为孩子担心了，他的母亲果断地放弃了手中的工作，准备回家一心一意地来管教孩子。母亲在家当了全职妈妈，面对沉迷于网络的孩子，她并没有立即对孩子说“不”。

当孩子要上网的时候，母亲主动提出，在晚上或双休日陪他一起去网吧。因为母亲知道，戒除网瘾的过程是个复杂的过程，孩子会不配合，更会出现反复。要使杰杰戒除网瘾就不能一下子不让他碰电脑，这是有个间隔期的。间隔期的时间对每个孩子都不一样，有的一个星期，有的一个月。母亲遵循了教育规律，她要利用陪杰杰上网的机会，走进孩子的心里，最终使杰杰彻底戒除网瘾。

在和杰杰一道上网的过程中，母亲还向杰杰请教了一些自己不懂的问题，母亲还了解了杰杰上网喜欢做什么，喜欢玩哪些游戏；在上网碰到一些问题时，母亲还和杰杰一起讨论，母亲进入了属于孩子的领地，妈妈和杰杰相处得很融洽。杰杰每次上完网回来，母亲就和孩子交流，倾听孩子的满足感。母亲没有以成人的眼光发表正误的评论，而是在观察杰杰的过程中逐步改进自己的方法。杰杰上网回来了，母亲总是做一点孩子喜欢吃的东西。杰杰感到现在的家庭很温暖，同时，有母亲的陪伴，上网的次数和时间也得到了控制。一段时间以后，母亲用爱渐渐地征服了杰杰的心。

不久，杰杰生日到了。在吹灭生日蜡烛后，母亲搬出了她刚买来的一台电脑。杰杰没有想到母亲会给他一台电脑作为生日礼物，他高兴极了，在心理上似乎和母亲亲近了许多。在这个时候，母亲说："这是给你的生日礼物，希望你学习、娱乐两不误。"母亲没有多说，接下来只是和孩子一道庆祝生日。其实，母亲的目的是，让孩子在家上网，这样更容易管控孩子。

面对孩子的网瘾，母亲的策略是，先走入杰杰的生活，摸清孩子的状况，给予母亲应有的照顾和温暖，把杰杰的心从网吧夺回来。在以后的生活中，母亲已经完全走入了杰杰的生活，孩子也感到了家的温暖。在这样一个状况下，她对杰杰的上网时间做了规定，偶尔孩子上网时间太长，母亲会及时提醒。杰杰也很听话，因为家庭的幸福温暖占据了他的心，在他心中，对网络的需求似乎不似先前那么强烈了。因此，母亲在戒除杰杰的网瘾上，知道"欲先取之，必先予之"，在实施这些措施期间不可强行禁止，否则那会更糟，管了人管不住心。

给予、限制还不能完全纠正杰杰的网瘾。许多父母只懂得限制孩子上网，而不懂得如何转移孩子对上网的注意力，培养孩子新的爱好。一般来说，在双休日，孩子上网时间长一点都是父母允许的，虽然说满足了孩子，但一定程度上是在加大孩子的网瘾，这也是好多父母意识不到的。杰杰母亲的做法是，叫孩子在双休日有上网以外的选择，比如郊游、购物等，把杰杰带到其他的他感兴趣的事件上。当然，这一系列的事都要杰杰感到快乐，使杰杰觉得原来有比上网更快乐的事，这样就逐渐淡化了杰杰对网络的依赖。

母亲只用了几个月的时间，就使孩子走向了正轨。在后来，母亲还像朋友一样和杰杰沟通，在沟通的过程中教会杰杰一些做人做事的道理，对杰杰讲怎样正确对待电脑网络。这样的教育方式使杰杰受益匪浅，杰杰后来以很好的成绩考上了重点中学。

对孩子进行惩罚、给孩子讲道理、监督管控孩子，这对孩子戒除网瘾都不是最好的办法，理解和关爱才是治疗孩子最好的良药，因为父母的爱能让孩子觉醒，能让孩子有所感悟，更能让孩子有良心的发现……

家教智慧点拨

孩子上网成瘾，从某一方面来说，是孩子对现实生活的一种宣泄和依赖。因此，要根除孩子的网瘾，父母要从孩子的情感世界入手。

孩子的好习惯是慢慢养成的

能一贯保持好的作风，这样我们就可以说在某个方面形成了习惯，而一个习惯的养成，一开始是一个人带有强迫性地让自己去做，经过一段时间以后，使自己行为的“强迫性”变成“自主性”，并且能长时间地保持，这样，某种习惯就养成了。因此，在习惯的养成过程中，它需要有一定的时间去孕育。

但在对孩子培养的过程中，有的父母从孩子几岁开始，就抱怨他没有某某习惯，好像习惯在眨眼间就能养成似的，他们不知道习惯是需要用一定的时间来慢慢养成的。孩子刚进小学，对某些事可能接触时间不长，根本没有时间去养成这种习惯。因此，父母不要埋怨孩子，而要有耐心地去培养孩子的习惯。换句话说，孩子没有某种好习惯，这是一种正常的现象，因为孩子年龄小，正是养成一些习惯的时候，父母的责任，就是在孩子成长的过程中，让孩子慢慢养成好习惯。

当然，孩子的好习惯的慢慢养成，不是在对孩子听之任之的情况下，孩子在经过较长时间后就会养成令大人满意的习惯。这里“慢慢”的意思，主要是对大人们的要求。它要求父母在对孩子习惯培养的过程中，对孩子的要求要不紧不慢、不温不火，用引导或建议的方式，让孩子在生活中保持某种好的行为。父母用期待的眼光，让孩子在时间的流逝中，把自己这种一贯的行为变成自己自觉的行动。孩子的习惯慢慢地养成，很大程度上就是要父母对孩子习惯去“慢慢”地培养。

所以，在孩子习惯养成的过程中，父母要给予孩子足够的机会去实践，足够的时间去强化，把好的言行变成孩子固有的品质，这样，孩子养成良好的习惯就不难了。对于孩子来说，习惯就是坚持，父母有时就是要孩子去坚持。在对孩子好习惯培养的过程中，要注意以下三个方面：

1. 替孩子排除干扰

孩子的好习惯不是一天两天能养成的，它需要父母长时间地培育。

有一对夫妇，为了让孩子养成学习的习惯，从孩子上小学开始，晚上做作业时，不论节目有多么精彩，他们都关掉电视，各自看书、读报或干家务。等孩子作业做完了，他们才打开电视，和孩子一起欣赏电视节目，这样一直坚持很多年，直至把孩子送进一所名牌大学。

因此家庭是孩子的第一课堂，父母是孩子的第一任老师。如果父母平时对孩子的教育马马虎虎、随随便便，孩子在这种环境下长大决不会养成好习惯。在习惯养成方面，父母应该替孩子排除干扰，因为很多干扰会诱惑孩子放弃坚持。比如，父母在津津有味地欣赏电视节目，让孩子在一旁做作业，孩子就不会安心，慢慢地，父母就会把孩子吸引过来，孩子定时做作业的习惯的养成就无从谈起。

2. 父母要积极参与实践

有的父母认为，孩子习惯的养成是孩子的事，往往给孩子定个目标就放手不管了。好习惯的养成不是一朝一夕的事，必须渐进地培养。

有一位母亲，为了培养孩子阅读的习惯，从孩子上幼儿园开始，每天晚上吃完饭后休息片刻，就和孩子一起看书，让孩子读带拼音的小故事。孩子不认识的拼音母亲就教孩子，直到孩子上高中，母亲还和孩子一起读书，从而养成了孩子每天阅读的习惯。

有一位母亲想让孩子有按时就寝的习惯，她从孩子小时候起，在睡前一个小时，就开始减少孩子的活动量和不让孩子接触感兴趣的东西，她会为孩子热上一杯牛奶，喝完以后让孩子刷牙洗澡，然后穿上睡衣上床。孩子躺好后，她就坐在床边给孩子讲他最爱听的故事，在孩子睡意乍起的时候，她会抚摸并亲吻孩子，最后道一声“晚安”，并关上灯头也不回地走出房间。

母亲用这种积极的方法培养孩子按时就寝的习惯，孩子一定会慢慢地接受这种生活方式的。

3. 监督和管教讲方法

孩子时期是培养生活习惯与学习习惯的关键期，在这个时期尤其要避免孩子出现坏习惯的苗头，因此发现孩子的不良行为要及时纠正。平时，对孩子进行仔细检查，看是否将该改正的事都做到位了；当孩子不能对自己好的行为进行坚持的时候，在必要时批评孩子要就事论事，具体告诉他们该怎么做，而不要过多的责怪。否则，孩子的积极性受到挫伤，就会对养成好习惯失去信心。如今，许多父母平日里对孩子求全责备、批评叠加，结果使孩子早早就失去了养成某种习惯的兴趣与动力。因此，在家教中，对上小学的孩子的习惯的养成应因势利导而绝不强制压迫。

家教智慧点拨

教育家陈鹤琴曾说过：“习惯养得好，终生受其益；习惯养不好，终生受其累。”习惯决定成败，习惯决定人生，愿我们每位父母都能成为孩子良好习惯养成的催化剂，让好习惯伴随孩子走好成长中的每一步。

时间利用不合理，是父母指导不够

时间是把事情做好的一个重要保证，但是，如果不会使用时间，它就会被白白地浪费掉。时间对于孩子的学习来说，用得不好，不仅仅是白白地浪费掉，孩子还会感到疲惫。学习不同于做事，比如说刨一块地，在一段时间内只要你挥动着锄头，即使人很累，事后总会有效果的。学习则不同，它是一个人对知识领悟的过程，也就是说，如果时间使用不当，人都累垮了，也可能对要学的东西一无所获。因此，孩子能学得好，这与父母指导孩子安排学习时间、让孩子充分利用时间是分不开的。

父母可以从下面几个方面来引导在小学的孩子合理地利用时间：

1. 和孩子一起执行时间表

对于孩子合理利用时间的能力培养，父母不能简单地对孩子定一些制度性的要求，父母也要成为合理利用时间的参与者。这样，可以使整个家庭形成一种合理利用时间的氛围，孩子因此会养成合理利用时间的习惯。这样，不仅孩子学习的效率会提上来，就是对以后的工作、生活也有很好的益处。

孩子每天有很多细小的琐事，父母可以帮孩子把这些事情都安排在某个固定的时间点上去做。这样做的好处是便于孩子不会落下某些事，便于形成做事的习惯；再一个就是父母能够指导孩子把事情安排好在更合理的时间来做。当然，父母在替孩子安排时间的时候，这张表不要成为孩子的专用，父母可以把自己的一些事情也安排在其中，与孩子共同执行这张时间表，这样做一是对孩子有个榜样作用，另一个就是起到监督孩子的作用。表的内容不仅仅要考虑到时间安排的合理性，它更要显示对孩子的约束作用。其中包括：什么时间起床、什么时间上学和放学、什么时间休息和玩耍、什么时间做功课和功课结束等。父母要根据人的生理特点和孩子本身的特点来定时间表。对于父母自己的事情的安排，要考虑到对孩子的负面影响，比如，在孩子学习的时候安排看电视。如果在孩子学习的时间能看书看报，那么这样和孩子一起执行时间表会更有意义。

2. 时间安排松紧适当

要把时间表变成一张能合理利用时间的效率表。但是有的父母给孩子安排时间不少，是为了让孩子在学习上更多地付出一些时间，其实这与让孩子合理利用时间是两码事，因此，一张合理的时间表，应该在时间的安排上松紧适当，换句话说，就是能让孩子劳逸结合。

父母不要让孩子把时间都安排在学习上，让孩子没有一点玩儿的时间。有的父母就是在星期天也让孩子去学习。因此，父母要照顾到孩子爱玩儿的天性，让孩子在学习效率最差的时间段去玩，在最佳的时间段去学习。从孩子生理的角度来看，最佳的学习时间是上午九点到十一点，下午是三点半到五点半，晚上超过九点就应该让孩子休息，中午的小憩和夜晚充足的睡眠是孩子充分利用时间的保证。

3. 把孩子的学习融入生活的情趣当中

要合理利用茶余饭后的时间，使孩子学得更有趣。父母最好要了解孩子当前有哪些学习任务，这样可以把孩子要学的有关东西用到闲暇时的闲聊中来。有一个父亲，看见女儿一脚踩死一只蜘蛛，马上说：“做得对，这家伙对你来说是个罪魁祸首，你今天报仇了。”女儿不解，父亲告诉她：“就是看到蜘蛛在墙角上结网，笛卡尔受到它的启发建立了解析几何学，是这家伙让你在高中的学习又多了一份负担。”父亲的幽默不仅能使孩子闲暇的生活更有情趣，而且还能让孩子对自己所学的几何学科增添一份兴趣。因此，合理利用时间不仅仅是在时间的安排上使闲暇的生活过得生动一些，也是合理利用时间的重要部分。

4. 监督孩子对时间表的执行情况

给孩子安排了合理利用时间的方案，可以使孩子有序地进行自己的学习生活，但很多孩子在执行一段时间以后就再也坚持不下去了，这时就需要父母的督促。监督孩子对时间表的执行，并不是强迫孩子，有的父母用惩罚的办法来迫使孩子按表行事，这使得孩子虽然在合理的时间干该干的事，但他的心却不在事上，对时间的合理利用就无从谈起。因此，对孩子方案的执行要有一些耐心，更要用适当的方法引导孩子执行时间表。

实践证明，成绩优秀的孩子都能学得很轻松，这是由于能合理利用时间的结果。

家教智慧点拨

谁能把握时间，谁就能利用好时间，谁也就最能接近成功。父母都想让孩子变得更优秀，那么能走向优秀的第一步，不妨从教会孩子合理利用时间开始。

今日事，今日毕，培养时间观念

“今天做不完了，明天再说吧！”

“今天实在不想写了，明天再说吧！”

在教育孩子的过程中，相信父母都已发现了这一现象，孩子总是把“明天再说吧”挂在嘴上。很多父母经常抱怨：“就是因为孩子做事拖拖拉拉，所以耽误了很多事情：该完成的作业没有完成而被老师惩罚；该完成的事情没有完成影响接下来的计划。”

其实，做事拖拉的行为对孩子的影响并不仅限于完不成作业被老师惩罚，或是影响了接下来的计划，更重要的是，一旦孩子这种做事拖拖拉拉的行为形成了习惯，他们很有可能就会变得整日无精打采，不管是对待学习和生活都提不起兴趣。

有这样一个孩子：老师在讲课时，他在下面做小动作，老师私下里提醒他，他还一本正经地说：“我课下会补上的！”自习课，别人都做作业，他却读课外读物，还拍着胸脯对老师说："我回家后会把作业写完的！"听他的家长说，他回家后并不是先做作业，而是先看一会电视、玩会游戏，等他想起写作业时，时间已经很晚了，于是即使作业没写完，他也会这样安慰自己："明天再说吧！"

就这样上午推下午，下午推晚上，晚上推明天……这个孩子的学习成绩一直排在班级的最后几名。不仅如此，他整天都懒洋洋的，对待任何事情都不积极。作为成人我们知道，一个懒散、没有生活目标的人不但注定与成功无缘，而且他的生活也常常会陷入一塌糊涂的状态。

所以，从现在起，父母就要改正孩子拖拉的习惯，培养他们"今日事，今日毕"的观念是非常必要的。

也许细心的父母早已发现，虽然大多数孩子身上都或多或少存在拖拉的坏习惯，但这种坏行为却在小学阶段的孩子身上表现得最为明显。为什么会这样呢？主要是因为这些年龄尚小的孩子没有时间观念，或者说还没有建立起正确的时间观念。一件事情他们之所以一拖再拖，是因为他们觉得自己有的是时间，可以随意挥霍。所以，培养孩子"今日事、今日毕"的观念，父母首先应该帮助孩子培养正确的时间观念。

那具体来讲，父母应该如何帮助孩子养成"今日事，今日毕"的好习惯呢？

1. "一分钟专项训练"帮孩子感受时间

为了使孩子对时间有更进一步的了解，父母有必要让孩子设身处地地感受时间。

蓝蓝妈妈经常对蓝蓝进行"一分钟专项训练"，即让他感知一分钟到底能做多少事情。例如，妈妈经常会这样做：准备几道难度适中的算术题，让蓝蓝试试一分钟能做多少道；给蓝蓝选几个笔画差不多的字，看蓝蓝一分钟能写多少个……每次训练完，蓝蓝都会颇有感悟地说："原来一分钟能做这么多事情，那我之前浪费了那么多时间，岂不犯下了滔天大罪。"

当孩子对时间有正确的认识之后，他们就不会再像以前那样浪费时间了。就像上述这个孩子一样，一想到浪费时间就有负罪感，他们当然不会再轻易把今天的任务拖到明天去做了。

2. 送孩子一块手表

进入小学阶段，大多数孩子都已经认得表了，这时，父母不妨送他们一块手表当礼物。

父母们可以这样想象一下，10点半是睡觉时间，如果到了9点孩子还没有开始写作业，那他还会静下心来写作业吗？另外，人在困乏的状态下，意志是很薄弱的，在这种情况下，孩子很容易就会放弃写作业。因此，拥有一块手表，孩子就能轻易地了解时间并珍惜时间了。

对于小学阶段的孩子来说，手表除了指示时间之外，还扮演着非常重要的角色——提醒器。不管是男孩还是女孩，这些年龄尚小的孩子都有一个共同点——一玩起来就会忘记一切：忘记写作业、忘记背诵、忘记预习……但如果有一块手表，情况就会大不相同了，8点到了，即使还想玩，他们的心里也会这样想：如果再玩一会儿，写完作业后会是几点呢？在手表时间的不断提示下，他们很快就会放弃玩耍。在这种状态下，他们拖拉的行为就会大为减少。

3. 父母要做不拖沓的榜样

孩子对时间的认识以及对待时间的态度受谁的影响最大？不言而喻，当然是受父母的影响最大。有位教育学家曾说过这样一句话；“从父母的生活态度中就可以推断出孩子的生活态度。”同样的道理，父母对待时间的态度也决定着孩子对待时间的态度。所以，要想让孩子“今日事，今日毕”，增强他们的时间观念，父母做出好的榜样才是最直接、最有效的方法。

家教智慧点拨

小学阶段的孩子做事拖沓，在很多时候是由于他们缺乏时间观念而造成的。帮助孩子养成“今日事，今日毕”的好习惯，有利于孩子在今后的学习中养成良好的习惯。

防止孩子做事虎头蛇尾，对孩子强调计划性

在学习的过程中，很多孩子常常会陷入这样的状态：拿起语文课本来读两句放下后，又拿起数学课本来看一看放下；一会儿，又翻出画板画起画来。总之，一晚上的时间过去了，他一直都在忙，但忙到最后也许连最基本的作业都没有完成。

这是为什么呢？主要是因为他们做事没有计划性，“想一出是一出”。那成人应该如何帮助他们呢？

比如，老师给学生上课，有经验的老师都会有意识地向他们灌输这样一种“系统思维”。即在做事之前，先要把要做的事情在脑子里“走”一遍，这样做起事情来就会更有条理。例如，在上课之前，先要在头脑里回想这样几个问题：

这节课是语文课还是数学课？

上节课主要学了哪些内容？课上老师是否留了一些口头作业？

这节课是否需要记笔记？是否会用到一些特殊文具，如尺子、三角板等？

把这些问题都思考清楚了，孩子听起课来就不会手忙脚乱了，更重要的是，在条理清楚、没有特殊情况发生的状态下，孩子听课的效率也会提高。

实际上，为了避免出现“一团糟”的情况，父母们都应该早些向孩子灌输这种“系统思维”，从深层次的角度来讲，这种“系统思维”实际上在做事或学习之前，孩子就在大脑中制订了一个临时计划，虽然在很多时候这种临时计划算不上周密，但它却能够极大地增强孩子的条理性，减少忙乱状态的出现。

睡觉之前，蔓蔓妈妈这样引导蔓蔓：“我们来对明天做一个美好的想象吧？例如，明天都上什么课，课上会发生什么事情等。”

蔓蔓一点点想象着：“明天要升旗，我要换上干净的校服，还要戴上

红领巾；接下来是晨读，晨读时我一定要认真地背诵语文课本上那首古诗，因为课上老师要提问……”

就这样，蔓蔓妈妈让蔓蔓每天睡前把明天将要做的事情想一想，孩子的学习情况就有条理得多了。最后，蔓蔓自己总结出了经验，仅仅靠大脑想还是不可靠的，因为在很多时候常常会忘记。如果把想的内容写在纸上，那就更完美了。

实际上，大多数孩子的计划性都是由这种“系统思维”开始的。所以，不论你的孩子现在正在读几年级，你都有必要培养他们这种“系统思维”。每天睡前拿出几分钟的时间，与孩子一起预想一下明天将要发生以及要做的事情，这不仅可以增强孩子学习过程中的条理性，还能极大地增进亲子之间的感情。也许过不了多长时间，你的孩子也会像上述的那个孩子一样，开始自己动笔制订学习计划了。

帮助小学阶段的孩子增强做事的计划性，避免虎头蛇尾情况的产生，父母还可以借鉴以下几点建议：

1. 制订能激发孩子执行欲望的学习计划

从某种角度来讲，孩子缺乏计划性、做事虎头蛇尾的行为有一个集中爆发的时间段，这个时间段就是从放学后到睡前这段时间。所以，这段时间是增强他们计划性的最佳切入点。

放学后到睡前的这段时间如何安排呢？

对此，很多父母常常这样告诉孩子：“你要做作业、画画、读课外书，还可以看会儿电视、玩会儿游戏。”但在父母的这种简单罗列下，孩子的虎头蛇尾行为却愈演愈烈。这是为什么呢？因为孩子毕竟是孩子，一大堆要做的事情摆在面前，成人尚且心急，更别说这些年龄不大的孩子了。所以，在这种情况下，父母需要做的并不是简单地向孩子罗列任务，而是协助孩子制订计划，并激发他们执行计划的欲望。

经过调查，春春妈发现，如果春春用心，作业在一个小时之内绝对能完成；完整地画一幅小画大概需要20多分钟；读3篇小故事，大概需要

25分钟。于是，在充分征求春春意见的基础上，春春妈与春春一起做出了这样一个计划：

5:00–6:00，写作业；6:00–6:30，看动画片；6:30–7:30，吃晚饭，饭后做一些简单的家务；7:30–8:00，预习明天的功课；8:00–8:30，画一幅简单的小画；8:30–9:00，读3篇小故事；9:00–9:30，自由安排；9:40，熄灯睡觉。

还要在计划中标明，只要每件事情都保质保量地完成，节省下来的时间他就可以自由支配。

在这个计划的指引下，从放学后到睡前这段时间，春春做事情有条理得多了，更重要的是，在做事情的过程中，春春不但不再虎头蛇尾，而且还懂得节约时间了。

在现实生活中，很多父母也喜欢帮孩子制订计划，但他们所谓的计划常常仅仅是简单地把时间分割成几段，在每一段内给孩子规定一定的任务。面对这样的计划，大多数孩子都不会产生执行的欲望，也许用不了几天，孩子就会把它抛在脑后。但上述这位母亲帮孩子所制订的计划就非常科学，她的计划是在认真调查研究的基础上制订出来的。多次记录孩子在用心的状态下完成作业的时间、画一幅画的时间、读一篇小故事的时间——她所制订的计划中每项任务所规定的时间刚刚比这些时间多一点。这不但能把孩子执行计划的积极性极大地调动起来，还能增强计划的可行性。

如果你的孩子在学习方面也存在条理性差、虎头蛇尾的情况，那你不妨借鉴上述那位母亲的做法，帮助孩了制订一份能调动他积极性的计划。

2. 认真落实学习计划，坚决不让“底线”移位

大多数孩子都存在这样一个问题：有学习计划，但却常常不能坚持落实。就像很多孩子自己所总结的那样：“我知道执行计划很重要，但在玩的欲望面前，我常常会失去‘理智’。”对此，很多父母颇有感触地说：“每当孩子不想执行学习计划时，我们都会坚决说‘不’，并强制他们执行，但为什么越强制，孩子的反抗性越大呢？”

其实，在孩子的学习方面来不得半点强制，在学习计划的执行上也是如此。小学阶段孩子的自控能力差，这需要父母约束他们的行为，但这种约束并非强制，而应该是讲究技巧性地坚持原则。

一对夫妻是通过“唱双簧”的方式来应对孩子的“无理”要求的：星期天，菲菲把学习计划扔到一旁对妈妈软磨硬泡：“今天是星期天，你就让我多玩一会儿吧！”妈妈考虑都没考虑就一口回绝了：“不行，一切按计划行事。”菲菲不情愿地撅起小嘴来，慢慢腾腾地做着事情。爸爸把这一切看在眼里，他并没有马上说什么，而是过了一会儿才对女儿说：“星期天是该多休息会，这样吧，午饭后爸爸陪你出去散半小时的步。”

就这样，做家务的时间变成了散步的时间，其他重要的计划并没有受到影响，但与之前不同的是，孩子现在是以愉快的情绪执行着计划。

虽然学习计划中有自由玩耍和游戏的时间，但在很多时候，大多数孩子还会提出“多玩一会”的要求。面对这种“无理”要求，如果父母一开始就“动摇”：“好吧，我来陪你玩半个小时。”那在这种教育方式下，孩子想玩的欲望就会疯长，他不但不会满足半小时的玩耍时间，今后还会不断地向父母提出更“过分”的要求。

但上述两位父母的配合就非常默契，他们一个唱“黑脸”，一个唱“白脸”，先是一口拒绝了孩子，让她从心底放低对玩的要求，再通过小幅度的变动满足她想玩耍的欲望。这既没有影响到学习计划的重要环节，也坚持了“底线”，又不会助长孩子玩耍的欲望。

其实，父母在帮孩子制订计划的过程中就应该考虑到这一点，在计划中多加入一些可以自由浮动的非重要环节，如“做家务的环节”、“做运动的环节”等，这些环节不但可以有效地应对因突发情况而造成的计划滞后，还为坚持“底线”做好了充分的准备。

家教智慧点拨

父母们应该明白这样一个道理：让这些自控力有限的小学生坚持执行学习计划，需要借助外部的力量。

第五辑

注重引导教育，规避学习上的坏毛病

在教育中，如今的孩子不缺父母对他们教育的重视，也不缺父母对他们教育的物质投入，他们缺的是父母对他们在教育中的引导，这是很多家庭在教育中普遍所缺少的东西。特别在孩子的小学学习上有很多毛病，更需要父母合理的引导。

合理监督，让孩子写作业不再磨蹭

有的父母常常会这样说："现在的孩子没有一个懂事的，做父母的必须'逼'着他们、'盯'着他们，他们才肯老老实实地写作业。"相信这些父母的看法会引起很多父母的共鸣："对待这些不懂事的孩子就应该这样！""在写作业方面，父母就应该管得严一点，盯得紧一点！"

其实，即使你逼着孩子坐在书桌前，他肯认认真真地写作业吗？即使你盯得再紧，孩子写作业的效率又如何呢？可能有的父母会说："我快对我家孩子无能为力了，我陪在他身边时，他还会像模像样地写两个字，但只要我一转身，他就玩得不亦乐乎。最可恨的是，即使我一直陪在他身边，他也总是'磨洋工'，本来半个小时就能完成的作业，他偏偏磨上2个小时，有时甚至到了睡觉的时间作业都写不完。"

不可否认，很多父母心中都有类似的"苦水"：为什么大多数的孩子都不主动写作业呢？为什么他们写作业时总是"磨洋工"呢？其实，孩子这种对待作业的消极态度与你的教育有极大的关系，写作业是孩子自己的事情，"逼"、"盯"只会激起孩子消极怠工的情绪。

由于思维还存在极大的局限性，小学阶段的孩子对学习的认识是非常有限的。父母总是逼着他们去写作业，他们就会认为是在为父母而学习；父母"盯"得越紧，孩子就越容易把自己当成为父母做苦工的"苦力"。写作业不是为自己，而且总是与"苦"联系在一起，孩子自然会不主动了。

有这样一个孩子：留作业时，只要作业多一点，别的孩子都唉声叹气，但这个孩子从来都是从容应对。大多数孩子写作业时都会"磨洋工"，但这个孩子回家后就早早地把作业做完，而且每天还专门拿出一定的时间来复习和预习呢！

在一次班会上，老师让他给同学们讲述一下自己对作业的看法，没想到他却讲出了连老师都觉得惊讶的一番话："爸爸妈妈说：'每个人都有自己的事情要做，爸爸妈妈的事情就是好好工作，而我的事情就是好好学习。'我觉得认真写作业就是在认真学习。"

不少父母在对待作业的问题上，他们一直采用四"不"政策，即不陪、不逼、不盯、不管。孩子什么时候写作业，写作业的过程中是否有磨蹭、拖拉的现象，父母一般不过问，顶多是提醒孩子一句："该写作业了"，"写作业要认真"。也正是在这种自然而宽松的环境下，孩子认识到了写作业和学习都是自己的事情，他在为自己而学习。

读到这里，很多父母也许会问："小学阶段是孩子整个学习生涯的初期阶段，在如此重要的开端期，这类父母真的能对孩子的学习情况做到不管吗？"说"不管"，其实是做给孩子看的，在私下里要向老师打听一下孩子的学习情况，并积极地针对孩子存在的问题进行沟通。但面对孩子的作业时，不闻不问的目的就是让孩子对学习有一个正确的认识，不要让他觉得是在为父母学习。所以，父母不"逼"、不"盯"才是引导孩子积极对待作业的最高境界。

除此之外，父母还应该努力做到这样两点，孩子对待作业才能主动：

1. 让孩子看到玩的"希望"

一个小学生曾这样向他的老师吐露心声：父母总是催促我让我早点写作业、快点写作业，我为什么要听他们的呀？作业写完了又不能玩，老师布置的作业写完了还得写妈妈布置的作业；写完妈妈布置的作业，没准爸爸又要留作业，我还不如晚点写、写慢点呢！

是的，在望子成龙、盼女成凤心切的影响下，父母们生怕自己的孩子落后，于是他们拼命地让孩子多做点作业、再多做点作业……他们认为，只有孩子做作业多了，才能掌握更多的知识，才能取得更好的名次。

但我们要告诉父母的是，在一般情况下，这种理论对于小学阶段的孩子是不适用的。对于这些年龄不大的孩子来说，虽然他们了解学习的重要性，但在他们心目中，"玩"也占据着举足轻重的位置，如果因为学习把玩的时间都占据了，会把他们内心的不满和反抗极大地激发出来。

别看这些小学阶段的孩子年龄小，反抗父母他们是非常有“对策”的。不主动写作业、故意拖延写作业的时间，这就是他们反抗父母的“对策”。父母们千万不要小看孩子的这种反抗，如果任凭他们继续发展下去，用不了多久，孩子就会养成磨蹭、拖拉的坏习惯。

老师每天给孩子留作业的目的是什么？是为了让孩子巩固白天所学的知识，并训练他们灵活运用这些知识的能力。只要孩子保质保量地完成作业，不用再加“父母作业”，孩子照样能够成龙、成凤。所以，如果孩子已经保质保量地完成了作业，亲爱的父母，请把玩耍的时间还给孩子吧！

其实，只要看到玩的“希望”，孩子是愿意主动去学习的。

知道儿子最爱下象棋，那天，浩浩爸爸买了一副新象棋，浩浩刚回家，浩浩爸爸便对他说：“怎么样，今晚我们杀两盘？”

浩浩面露喜色，但又犹犹豫豫地对爸爸说：“我怕杀起来就忘了时间。”

浩浩爸爸笑着对他说：“这好办呀，你认认真真地先把作业做完，我们就可以痛痛快快地杀个天昏地暗了。”

浩浩打了一个响指，痛快地对爸爸说：“正合我意，就这么办了！”

就这样，那天浩浩作业做得特别认真，做完后还不忘向爸爸炫耀说：“作业认真地做完了，没有后顾之忧了，玩也能玩得特别痛快。”

在很多情况下，“玩”能变成孩子“学”的动力，当然，这有一个非常重要的前提，那就是提前让孩子明白，只有保质保量地完成作业后，才能痛痛快快地玩。

2. 规定时间没有完成便立即停止

对付这些既拖拉又磨蹭的孩子，父母应该有“狠招”：

在明明家有这样一项规定：不管是爸爸妈妈还是明明，10点都必须熄灯睡觉，当然，这更多是为保证明明的睡眠时间。

刚开始，由于明明磨蹭，常常到了10点还写不完作业，但规矩既然已经定了，爸爸妈妈严格地执行，所以，不管明明是否情愿，爸爸妈妈都要求熄灯睡觉。

明明作业没写完，第二天免不了被老师批评，有了两次“挨批”的经历之后，明明变得乖多了，每天早早地就开始写作业，磨蹭的坏习惯也明显减轻了。

除了规定睡觉的时间之外，明明的父母还规定孩子写作业的大概时间，例如根据作业量这样给他规定：“在1个小时之间必须写完作业”，“9点之前必须把作业完成”等，时间一到就帮明明收拾书本，拒绝他继续写下去。作业没有完成必定会遭到老师的批评，挨两次批之后，明明自然就不会再磨蹭了。

当然，在采用这一方法之前需要父母与老师做好沟通，老师对孩子的批评既不能太重，也不能太轻，尺度把握在既能使他尝到教训又能激起他的反省意识为准。所以，父母不妨制定一个“晚上10点睡觉”的规矩。这不仅仅是从改变孩子磨蹭的坏习惯方面考虑，还是为了保证孩子的睡眠时间，不影响第二天听课的效率。

家教智慧点拨

不要以为小学阶段的孩子不懂事，父母就必须逼迫或盯着他们去写作业，在很多时候，不“逼”不“盯”才是促使孩子正确对待作业的好方法。

对作业应付了事，父母孩子都有责任

一天晚上，一位学生家长打电话给一位小学班主任，严厉地声讨了自己的孩子：“现在的孩子应付老师的手段也越来越先进了！今天我回家之后看到儿子在电脑前不停地忙着什么，走近一看，我的肺都要气炸了，他竟然通过QQ在抄同学传递过来的答案。老师，是不是最近给孩子留的作业太多了？为什么他会想到这样的招术来应付呢？”

的确，这位家长所讲的这种情况很普遍，由于老师布置的作业太多，超出了孩子能够完成的范围，因此孩子的脑筋都用在了“如何应付老师”上面。在这种情况下，孩子对作业应付了事是可以理解的。

但现在，老师给孩子留作业并不是盲目的，而是有很强的原则性：一是本着对孩子接下来的学习有帮助的原因；二是求质不求量的原因，即所留的作业肯定不会太多。在这种情况下如果学生还对作业应付了事，说明问题出在孩子身上。

一般来讲，孩子之所以会对作业应付了事，主要原因是他们根本不了解老师为什么留作业，而仅仅把作业当成不得不完成的任务。

一位老师曾在很多班级里做过这样的调查：你为什么要写作业？结果，大多数孩子的理由都是“没理由”，他们的想法很简单，老师或父母让我们写作业，我们就得写作业。

在不了解“为什么要写作业”的情况下，孩子对待作业很难做到认真，并且很容易应付了事。所以，为了避免这一情况的产生或继续恶化，父母必须要让孩子早点知道写作业的目的。

其实，大多数老师给孩子留作业都是想通过作业达到这样两个目的：一是让孩子巩固白天所学的知识；二是训练孩子灵活运用知识的能力。也就是说，如果把听课看做是了解知识的一个过程，那做作业就是孩子把知识刻入大脑，并对其进行灵活运用的一个过程。

为了让孩子了解认真做作业的重要性，一位母亲是这样做的：

丽丽对待作业极不认真，丽丽妈这样对她说：“我们做这样一个试验，在接下来的一周之内，前两天你认真写作业，并记录下第二天听课的效果；后三天你可以不写作业，再把这三天听课的效果记录下来。看看这两种效果有什么不同！”

结果，前两天的听课效果都是这样的：老师讲得内容很简单，丽丽都听懂了！后三天的听课效果分别是这样的：没太听明白；不太懂；老师讲的内容太难了。

通过这两份听课效果的对比，丽丽很快就明白了写作业的神奇功效——可以轻易听懂老师接下来的讲课内容。

小学阶段的大多数孩子都把作业当成不得不为的硬性任务，这种认识常常就是他们应付作业的罪魁祸首，所以，每一位父母都有必要引导孩子做这个试验。值得父母们注意的是，在运用这一方法之后，必须先跟老师沟通好，给孩子一定的特权，允许孩子几天不做作业。有了老师的协助，这一方法会实施得更加顺利。除此之外，引导孩子认真写作业，父母们还可以试试这样一个妙招——让孩子把作业当成考试。

在小学阶段，有的孩子会忽视作业，但绝对没有孩子敢应付考试。不但如此，大多数孩子对考试都持有一种崇敬的心情，时刻告诫自己要认认真真、仔仔细细，除此之外，在整个考试的过程中，他们都心无杂念，一心只想把试卷上的题目做对、做完。孩子对待作业最正确的态度就是像对待考试一样对待作业。

三年级的思思正在为作业本上接连不断的红色叉号而烦恼，爸爸对女儿很了解，他知道这些错题都是由于女儿不认真而造成的。于是他神秘地对她说："我有一个好方法可以让你不再做错题。"说到这里，他停了一下，直到女儿不停地催促他，他才卖着关子继续说："就看你肯不肯合作了！"

思思不假思索地说："只要你能让我不再挨老师的批评，我就跟你合作。"听到女儿这句话，爸爸信心十足地对她说："这个方法就是把写作业当成考试。"

接着他真的给女儿制造考场的氛围：把书桌收拾干净，桌面上只留课本、作业本和文具；闲杂人等不得入场，爸爸除外，因为爸爸是监场老师；

规定考试的时间，把闹钟定好。在这种模拟的考场中，思思还真的开始认真地“考试”了。

有时，孩子之所以不能静下心来写作业，与家中的氛围也有极大的关系：孩子写作业时，父母一会儿送一盘水果、一会儿端一杯水；或者在孩子旁边聊天。在这种不正式而又难以安静的状态下，孩子对作业是很容易应付了事的。所以，从开始父母就应该给孩子创造一个类似于考场的氛围，就像上述案例中所提到的：孩子写作业的环境要安静；没有特殊情况不得入内；用闹钟定好写作业的时间，在这种正式的氛围中，孩子是可以做到用对待考试的心态对待作业的。

家教智慧点拨

一般来讲，当孩子意识到做作业的真正目的以及重要性之后，他们就不会再轻易对作业应付了事了。

杜绝做题粗心马虎，有个“绝招”最有效

在大多数父母眼中，粗心都是一种不可原谅的错误。但不管是在生活还是工作中，能够做到不粗心的人是不存在的。成人还有丢三落四的时候，孩子粗心一点，为什么就不能被原谅呢？更何况在小学阶段，孩子注意力集中的能力以及辨识能力还比较弱，出现看错题目、抄错得数、落掉小数点的问题也实属正常。

读到这里，很多父母也许会这样说：“每大我们盯着、管着，孩子粗心的坏习惯还有增无减呢，一旦不管，那还了得？”

其实，孩子粗心的坏行为之所以会愈演愈烈，在很多时候就是被父母

“管”出来的。

一次家长会中，很多父母这样分享自己的经验：

“只要孩子因为粗心出现错误，我就打他的手心。”

“我每天以‘小马虎’、‘马大哈’称呼他，我就不信他粗心的坏习惯改不掉！”

可是，最终的结果不是收效甚微就是无效。被“打手心”的孩子会长两天的记性，但两天之后，粗心导致的行为又会“闪亮登场”；用“马大哈”的外号来称呼他们，他们粗心的行为反而会越来越频繁。为什么会这样呢？

虽然这些父母的方法各不相同，但它们所起的作用却是一致的，那就是给孩子贴上了“粗心”的标签，将“粗心”深深地刻在了孩子的潜意识里。举个最简单的例子来说，如果父母经常对孩子说“不要粗心大意”，那孩子的头脑中经常出现的词就是“粗心大意”，这样，他们的行为常常就会自觉不自觉地朝着粗心大意的方向发展。而且，一旦孩子从内心接受了“粗心”的标签，他们就会产生这样的想法：“我就是一个粗心的孩子！”这时，无论父母接下来用什么样的方法，他们这一坏习惯都很难轻易改掉。因此，改正粗心的坏习惯，孩子需要的是正面强化。

因此，看到有孩子因为粗心而做错题，父母不要直接指出，而是指着其中一道做对的题目这样对他说：“这道题解答得很好，在做这道题的时候，你肯定特别细心吧！”看着孩子满意的表情，父母要心平气和地对他说。“再检查一下下面这道题目，看看这次自己细心了吗？”

这时，孩子一般都会一拍脑门，不好意思地说：“出错了，出错了，下次一定要更细心一点！”

这样，孩子几乎都坚信自己能够克服粗心的坏毛病，他们确实也在真真实实地为此而努力。

人都有求证心理，小学阶段的孩子更是如此。如果父母总是从孩子的细心上做文章，并不失时机地肯定他、鼓励他，那孩子一定会坚信自己是个细心的孩子。当孩子有了这份自信后，还愁那点粗心的坏习惯改不掉吗？

除了正面强化，积极鼓励之外，帮助孩子改掉粗心的坏习惯，父母还可以尝试以下几种方法：

1. 帮助孩子找到“粗心点”

如果父母细心观察的话，便会发现孩子的粗心“粗”得很有规律。例如，他在数学这一科目中经常出错，但面对语言中形近字的辨析时却不会出错；他经常把相近的英语单词弄混淆，但数学中的应用题却轻易不会出错。

这是为什么呢？原因就是每个孩子都有自己不同的“粗心点”。心理学研究表明，人的情绪、兴趣、自制力等都会直接影响感知的完整性和准确性。如果孩子对某门功课不感兴趣、学习热情不高，就很容易粗心；另外，在孩子情绪不佳或太过兴奋时，注意力也常常会被学习之外的事情吸引，这时候也是孩子粗心的坏习惯“出没”的频繁期。所以，帮助孩子改正粗心的坏毛病，父母首先要找到孩子粗心的原因，并准确找到“粗心点”。

一位母亲发现孩子在数学这一科目上最易粗心，于是她这样帮助孩子寻找“粗心点”并帮助孩子改正粗心的坏毛病：

落落妈把孩子作业本上的错进行总结归纳后发现，落落的错误大多数出在应用题上：不是看错数就是看错已知条件，要么就是把得数抄错。

于是她经常这样告诉落落：“你粗心的原因是，每当审题时，你的大脑就会有点不听使唤。怎么办呢？我告诉你个有效的‘绝招’，每次做应用题时，先停一下，闭上眼睛数三个数，然后再睁开眼睛审题，这样就不会出错了。”

落落按着这个“绝招”去做了，粗心的坏毛病真的大大改善了。

为什么这个“绝招”对孩子如此有效呢？他的粗心之所以经常在数学应用题中“出没”，是因为他对应用题有一点点的抵触情绪。每次做这种类型的题目时，他都是大概扫一眼就下笔。这位母亲的“绝招”之所以会奏效，是因为在做应用题时，就相当于给孩子提了个醒，让孩子认真审题。

所以，不管孩子容易在哪个科目的哪种题型上粗心，父母都应该帮他们找到“粗心点”，并想出一种长效的方法，让孩子自己给自己提个醒。就像上述那位母亲，面对“粗心点”时，让孩子停一下，闭上眼睛数几个数，这就是一个非常棒的方法。告诉孩子，越是简单的题目越不能放松警惕。在一次讨论课上，一位老师跟孩子们一起分析了粗心产生的一些原因。一个孩子有点不好意思地发言：“老师，其实我早就看出一点眉目了，越是简单的题目，我们越容易粗心。”这个孩子发言结束，立刻得到了所有同学的认同。为什么越是简单的题目，孩子越容易粗心呢？主要原因就在于孩子的“自我感觉”。在做题的过程中，大多数孩子会自我感觉良好。例如，考试题目不难时，考完之后，他们常常这样对别人吹嘘：“这次考试题目简直太小儿科了，我不到半小时就做完了。”“这些题目对我来说就是‘小菜一碟’，我口算就得出答案了；还有很多题目我根本就没有一步步地做，跳了很多步就做出来了。”但最后结果如何呢？最后，吹嘘得越夸张的孩子，考试成绩往往越糟。为什么会这样呢？主要原因就在于他们放松了警惕。看到简单的题目，他们就不放在眼里，但越是这样，就越是给粗心的坏行为提供了“出没”的机会。父母们千万不要忽视孩子的这种态度，由于这些小学阶段的孩子还处于“不知天高地厚”的阶段，他们总会表现出自我感觉良好、轻视简单题目的行为。所以，父母们一定要有这样一种意识：提醒孩子，越是简单的题目，越是不能掉以轻心。

不管是平时做作业时，还是考试之前，斗斗爸爸都会这样告诉斗斗：“遇到简单的题目时，你要这样想：这一定是出题人设置的陷阱，而认真就是攻破这个陷阱最有力的武器。”

平时斗斗爸爸都是让孩子自己检查作业，教他的方法是这样的：你做题时越是觉得简单的题目，做完越要再认真检查一遍。每次孩子检查完之后都兴奋地对爸爸说：“爸爸，真神了，那些错题都被我‘揪’出来了！”从此，斗斗与“粗心”的坏习惯几乎绝缘了。

对于小学阶段的孩子来说，在学习过程中，避免他们粗心的坏行为“出没”的最佳方法就是让他们时刻处于警惕状态。上述那位父亲的做法就非常科学，遇到简单的题目，告诉孩子，那是出题人的陷阱，这样孩子就不会放下戒备心了；检查作业时，着重检查简单的题目，即使孩子刚开始因为它们简单而放松了警惕，通过认真检查也能把错误“揪”，出来。这类方法能大大提高孩子的细心度。

家教智慧点拨

作为成人我们知道，小学阶段是孩子学习态度和学习习惯培养的最佳时期。如果孩子总是以这种“自我感觉良好”的态度对待学习，那么很容易就会成为他们身上一种固执的坏习惯。

孩子不预习复习，学习很难有多好

一位家长曾这样“倒苦水”：“孩子现在已经上四年级了，虽然他每天也预习、也复习，但我总觉得他是在应付事。有一次他复习完，我拿起课本给他提了一个很简单的问题，没想到他磕磕巴巴地说了半天竟然一点也不靠谱。从那天起我才知道，他所谓的复习和预习仅仅是‘走过场’，是做给我看的。开家长会时，我听老师说这两种学习习惯对孩子成绩的提高很有帮助，便规定他每天写完作业后必须再拿出一小时来复习和预习。刚开始他很不乐意，我以为他习惯后就会接受了，但没想到他一直都在敷衍我，为什么会这样呢？”

像这位家长一样，大多数小学生的父母一定也存在这样的疑惑：孩子整天复习、预习，为什么听课效率不见提高，成绩也不见长进呢？为什么孩子的复习、预习好像不起什么效果呢？

在回答这些问题之前，父母们一定要接受这个观念：孩子的学习来不得半点强迫。在复习、预习方面也是如此，本来这两种好习惯能给孩子的听课和学习带来很大的成就感，但父母的强迫不但会让它们变得索然无味，还会激起孩子的排斥情绪。

一位妈妈从来没有强迫过孩子，但她的孩子却把预习、复习的好习惯视为“珍宝”。她是这样分享自己的经验的：

培养孩子预习、复习的好习惯，会会妈妈用了两种方法：一是诱导，让孩子自己总结“甜头”；二是提醒，当会会因为懒惰而不想坚持这种好习惯时，会会妈及时帮他战胜惰性。

先说“诱导”。会会妈从来不这样强迫孩子：“复习和预习的方法能够提高你的学习成绩，你以后必须要拿出时间来复习和预习。”而是这样说：“今天家长会老师推荐了一种方法，不知道是不是有效，要不你对它做一下测试。”“今天一位年级状元的妈妈向我介绍了这样一种方法，不知道它真的有没有那样神奇，你来测试一下？”

这样，每次会会都会欣然答应，并且积极地去“测试”。当然，通过多次的“测试”,他很快就会品尝到复习和预习给学习和听课带来的“甜头”。

再说“提醒”。不管一种学习方法孩子多么喜欢，他们也总有懈怠的时候。每当孩子发懒不想复习或预习时，会会妈不强迫他，而是在事后这样问会会：“今天做作业是不是没有往常顺利呀？”“没有预习，是不是就不能像以前那样在课堂上大显神通了？”在吃到丢失好习惯的“苦头”后，会会就会更加珍惜这些好习惯了。

这位母亲的总结非常有道理，对于这些小学阶段的孩子来说，他们不喜欢父母的大道理，更不喜欢被人强迫着做事，但他们喜欢新鲜的事物，也喜欢“挑战”。如果父母这样对他们说：“你来测试一下这种学习方法有没有效？”“你来评价一下它的用途？”……这就会把孩子的积极性极大地调动起来。尝到这些学习方法的“甜头”之后，他们自然会心甘情愿地去坚持下去。

除此之外，父母还可以从以下几个方面去帮助孩子：

1. 复习——引导孩子用大脑“放电影”

在一次五年级的家长会上，一位家长这样说：“我家孩子放学回家后就小睡一下，从来没看到过他复习，但他的作业却做得又快又好。”

很难理解，按说五年级的知识已经有一定难度了，即使他听课再认真，这些知识接受起来也需要一个重复巩固的过程；即便他的记忆力再好，众多的知识堆在一起也会有遗忘，为什么他不复习就能把作业做得保质保量呢？

原来，孩子回到家之后就躺在床上闭起眼睛来“睡觉”，很多时候爸爸妈妈都以为孩子睡着了，其实孩子并没有睡觉，而是在脑子里“放电影”。电影的内容就是白天老师讲课的过程，其中包括老师讲课的内容、课上介绍的学习方法以及所留的口头作业等。

在“放电影”的过程中，孩子也常常会遇到想不明白或回想不起来的地方，这时孩子就会拿起课本来看两眼，完全明白之后再合上课本继续想。

父母以为孩子在睡觉，其实孩子是闭着眼睛将白天所学的内容认真地复习了一遍。从某种意义上来说，这种“放电影式”的复习方法，比那种单纯地拿着课本看一遍的复习方法更有效。因为它是一个认真思考并记忆的过程，通过这种方式，孩子所掌握的知识要牢固得多。

这种方法虽然有效，但有一个很大的缺点，它不适合那些自控力差的孩子。躺在床上回想时，也许孩子很快就会睡着，也许他们的思维很容易就会转到那些与学习无关的事情上去。

后来，一位家长对这一方法进行了这样的改进：

他不是让孩子躺在床上“放电影”，而是让他坐在书桌前回想，一边想一边用笔把重要的知识点写下来。这样不仅可以防止孩子回想那些与学习无关的事情，还能帮助孩子尽快了解那些没有掌握的知识点。

小学阶段孩子的自制力普遍较差，改进后的这一方法更适合他们使用了。在孩子写作业之前，父母引导他们先把白天的学习过程在大脑里放一放“电影”，这既不会浪费多长时间，又能使孩子掌握的知识更加牢固。亲爱的家长朋友们，你们还有什么理由不让孩子来试试呢？

2. 预习：一读，二想，三动笔

小学阶段的孩子应该用什么样的方法去预习呢？有人总结出了这样一种有效的方法——一读，二想，三动笔。

首先，“读”是预习的第一步，但学科不同，读的方式也是不同的。语文需要大声朗读；数学需要默读；英语需要“跳跃式”地读（遇到陌生单词，不要与它“较劲”，直接跳过去）。

其次是“想”，即思考。在“读”的过程中，孩子肯定会遇到很多“障碍”，如语文中不认识的字、数学中不理解的公式、英语中陌生的单词，这时，孩子需要思考这样几个问题：这些生字、不理解的公式、陌生的单词等，我之前学过吗？与之前所学的知识有什么联系？它是不是就是下节课学习的重点？把这些问题弄明白之后，孩子没有必要再继续对这些陌生的知识点进行追究，因为这就是下节课老师讲课的重点。

最后是“动笔”。把那些陌生的知识用不同的符号表示出来。例如，读不懂的知识点用直线划出来；与前面所学的知识有关联的知识点用波浪线标出来；下节课需要仔细听的知识点用圆圈圈出来。

当然，父母一定要告诉孩子，如果觉得某个知识点与前面所学的知识有关联，一定要把它们之间的联系搞清楚。例如：如果觉得某个生字与前面所学的一个字很相似，可以把它们放在一起比较；如果觉得数学中的某个知识点用到了之前学到的一个公式，一定要把这个公式再认真看一遍；如果觉得某个英语词组与之前所学的一个词组很相似，一定要把它们的不同之处找出来。

小学阶段的孩子都有这样一种不好的习惯，如果觉得老师所讲的内容自己都会了，他们往往就不会再认真听课了。所以，他们的预习无需太深入，只要能够按照以上三点去做即可，这既能激发他们听课的积极性，又能使他们对知识做到融会贯通。

家教智慧点拨

培养孩子预习、复习这两种好习惯，父母可以借助以下方法：引导孩子用“放电影”的方法复习，用“一读，二想，三动笔”的方法预习。这样的复习最有效。

当孩子出现偏科时，父母该怎么做

有些上小学的孩子会说：“我宁愿写两篇作文，也不愿做一道应用题。”“英语如果能够像数学那样简单，我肯定能考好。”孩子在说这话的时候，很显然，孩子偏科了。

其实，孩子们的这些心声，就已经向我们发出了明显的信号：他们出现了偏科的倾向。父母们都担心孩子在学习方面出现“瘸腿”现象。某一科目的成绩很出众，孩子对这一科目也非常感兴趣，但对其他某一科目却很头痛，成绩自然也会拖后腿。

据调查，目前有22.3%的小学生学习上存在偏科倾向。但实际生活中很多父母对此却不以为然，有对父母曾这样说：“在小学阶段，知识都很简单，即使孩子不喜欢某一科目，他也能取得好成绩，所以父母没有必要为孩子的偏科倾向着急。”

如果父母持有这种观点，那就大错特错了。为什么很多高中阶段的孩子在某一科目上“一枝独秀”，但有些科目却成绩平平，甚至“惨不忍睹”？就是因为在小学阶段父母没及时纠正他们的偏科倾向。

小学阶段是孩子为各个学科打基础的阶段，也是偏科现象初露端倪的阶段。虽然每个学科孩子都能取得不错的成绩，但如果他对某一学科非常不感兴趣，这种不感兴趣甚至厌烦的情绪势必延续到将来的学习过程中，随着各个科目难度的增加，孩子在学习方面出现“瘸腿”现象是必然趋势。所以，要想孩子在学习这条道路上走得远、走得稳，父母必须及时纠正孩子的偏科倾向。

当然，在纠正孩子的偏科倾向之前，父母必须了解这种倾向出现的原因，对症下药才能取得好的效果。造成孩子偏科的三大原因：

第一，教师问题。小学阶段的孩子偏爱某一学科往往是因为喜欢这一科目的老师。这是好现象，对某一科目的学习很热衷，这一科目的成绩自然会出众，而出众的学习成绩又能增强孩子对该科目的喜爱，从而形成良性循环，反之就会出现恶性循环。

所以，纠正孩子的偏科倾向，父母也可以从老师入手，经常在孩子面前美化老师。例如，当孩子对数学这一科目的兴趣逐渐消失时，父母可以这样对他说：“听说教你们数学的老师风趣、幽默，听他讲课一定很有意思。”

第二，家庭影响。每个家庭都有自己特殊的地方，父母的特殊爱好也会诱发孩子偏科。例如，父母不喜欢语文，并且一提到写东西就头痛，那孩子的作文水平一定也不会太高。所以，即使父母对某一科目有偏见，也不要在孩子面前表露出来。

第三，孩子自己的原因。很多孩子在学科上之所以有强弱之分，与他们的兴趣有很大的关系。例如，有些孩子从小就对数学这一科目有着深厚的兴趣，总爱自己琢磨有难度的数学题，在这种状态下，不管是到了初中还是高中，孩子的数学成绩一般都不会落后。但如果孩子从小就认为数学难学，那数学很容易就会成为他的“瘸腿”科目。

总之，不管是哪种原因引起的科目成绩“贫富分化”，都会使孩子对不感兴趣的学科产生畏难情绪。所以，要纠正孩子的偏科现象，还要从“铲除”畏难情绪，帮助他们一点点地找回自信开始。

有这样一位妈妈，当孩子表露出偏科端倪时，她并没有着急，而是这样做的：有段时间，孩子经常抱怨数学难学，面对这种情况，妈妈就与孩子就数学这一科目的学习进行了一次深入的谈话，并在最后达成了这样的协议：不理会那些难题，先从最基本的课本知识学起。每天利用半个小时的时间复习数学，在这半个小时内不做别的，只要踏踏实实地把课本中的一小节内容“啃”透就可以了。

与此同时，妈妈与孩子的数学老师取得了联系，希望老师能在课堂上提问孩子一些简单的问题，并及时鼓励孩子。

就这样过了一个月，孩子的数学成绩终于慢慢提高了。

细心的父母也许已经发现，例子中的母亲并没有要求孩子做难题，而是从简单的基础知识入手，以“消除畏难情绪，增加信心”为重任，帮助孩子树立在“弱科”学习上的信心。所以，不但孩子这一科目的成绩在提高，他对该科的学习还越来越感兴趣呢！

在纠正孩子的偏科倾向问题上，很多父母都进入了这样的误区：每天要求孩子做大量的难题，以提高“弱科”的成绩，但却忽视了这一科目的基础知识。这样一来，孩子做的难题越多，就越对自己没有信心，进而很快就会放弃对该科目的学习。

当然，还需要提醒父母的是；在纠正孩子偏科现象时，落脚点一定要放在促进孩子的全面发展上，既要补“弱科”之短，又要扬“强科”之长，这样才能保证孩子各科成绩持平。千万不能“矫枉过正”，否则出现“弱科变强科，强科变弱科”的现象，孩子还是不能全面发展。

家教智慧点拨

在小学阶段，真正严重的偏科并不常见，但偏科倾向的“后遗症”却非常可怕，它常常会使孩子在高年级的学习中出现严重的“瘸腿”现象。

孩子经常逃学，如何帮他克服厌学情绪

小学生逃学，从学习方面说是对自己责任的一种放弃。孩子逃学是厌学、恐学的表现。逃学的孩子，大多数是因为学习吃力。常见的症状是上课听不懂，作业不会做；老师天天批评，同学时时告状；父母天天指责，同学时时嘲讽。因此这些孩子只有利用逃学去暂时躲避，以使心里获得一丝轻松。孩子厌学，不是一天两天造成的，大多是因为孩子从小没有获得良好的学习基础或养成好的学习习惯。因此在明白父母有责任、学校老师也有责任的同时，要解决孩子的逃学问题，还必须由家校双方共同配合来对孩子进行综合“治理”。

父母应该从几个方面同时纠正孩子的逃学现象：

1. 父母要先和孩子交心

孩子逃学不是一时之举，孩子在自己学习“失败”的过程中，也会引起他们对自己父母教育方式的反思，他们在心里可能保留着对父母的一些意见。因此，在纠正孩子厌学情绪时，父母要先和孩子用交谈的方式，解除掉孩子心里对父母的意见。父母应向孩子承认自己在教育上有失误。父母应该在自我反省的基础上跟孩子倾心交谈几次，听听孩子心里是怎么想的，跟孩子一起探讨学习和不学习的理由。父母的诚恳态度是孩子转变的重要因素。

2. 父母要经常与孩子的老师接触

要经常与孩子的老师交流，与老师一起分析孩子的主要问题在哪里，对孩子的学习情况要进行仔细的分析，明白孩子现有的学习态度、方法，找出其中的不足，问题找得越准越好，这才便于有针对性地采取改变孩子逃学的措施。孩子出现旷课、逃学现象以后，要经常与班主任保持联

系。根据孩子的特点，请老师在班上给孩子安排力所能及的任务，使孩子改变不利的角色地位；可以准备一个家校联系本，由孩子、父母、老师共同写联系内容。有时，学校为了严肃校纪，对屡次逃学的学生给以必要的处理，父母应配合学校，抓住机会做思想教育工作，让孩子下定决心，有一个新的开始。

3. 让孩子与好孩子交朋友

跟老师商量后，选择与自己孩子有交往基础、能帮助自己孩子学习的孩子做“老师”。为了慎重起见，父母最好带孩子到对方家里去向对方的父母做出表示。

4. 请家庭教师

利用双休日请一位家庭教师给孩子补课。请教师前，孩子应有充分的思想准备，不能有依赖心理，以防孩子放弃课堂。孩子可能有几科学不好，那就先补一两科。要请有经验的教师并且对自己的孩子要有具体要求，如“自己先看，不懂再问”，“自己先做，哪里不会再问”，“课前预习，找出难点，上课专心听讲”等，孩子没有积极性、主动性，仅依赖家庭教师肯定不行。

5. 父母陪孩子学习

有的孩子厌学与父母的不爱求知有关。这些父母应该转变思想认识，认真学点东西，学孩子的功课或者另外学习某一门知识。父母与孩子安排共同的学习时间，有互相监督检查的措施。

6. 与其他孩子的父母结成联盟

如果有几个孩子群体旷课、逃学，几位父母应联合起来共同商讨对策，跟班主任一起研究帮助措施。比如共同请家庭教师，制订互相促进计划，共同进行文体活动，把孩子的积极性调动起来。父母结成联盟，对孩子的学习形成“联教”，对孩子的逃学形成“联防”，效果是非常明显的。

在帮孩子克服厌学情绪的过程中，父母应该明白孩子的学习不是一下子能上去的，因此对孩子要有耐心，要反复去说服孩子。父母如果对孩子的信心不足，或者对孩子采取放弃态度，那孩子就有可能破罐破摔了。对厌学的孩子，切不可“批”字当头、“罚”字当头。

家教智慧点拨

要实事求是地看到孩子的优点和微小进步，及时给以肯定，使孩子有成功的感受，逐步提高自信心，由“厌学”变成“喜学”，逃学的问题就会解决。

孩子学习不专心，父母该怎么矫正

在现实中，有很多孩子在做一些与学习无关的事情时，他学得比任何人都快；还有的孩子，在某一个阶段表现的比很多人都出色，但不久就成了落后生。孩子为什么会有这样的差别和起伏，其中更大的原因就是不会把自己的心思全都运用在学习上，这才导致了很多不傻也不痴的孩子，在学习上却是一塌糊涂。

因此，父母要让孩子学会专心，在孩子专心用脑的过程中，引导孩子把自己的聪明全都用到学习上。一个学习成绩很好的孩子，他在学习的时候就不会想一些其他的事，这就是所谓的专心致志。但更多的孩子有那么五分聪明的话，他最多只会拿二分用在学习上，其中的三分用来调皮捣蛋，到头来他的成绩还不如只有三分聪明的孩子。因此，父母让孩子专心学习是孩子成绩优秀的基本保证。若要让孩子专心学习，父母要做好以下几个方面：

1. 减少影响孩子的因素

古人说“玩物丧志”，如果孩子同时感兴趣的东西多而杂，这样必然就不会专注于某一件事。因此，要在时间上把孩子的学习和其他的事情彻底隔离开来，这样可以保证在某个时间段孩子能专心学习；对于小一些的孩子，不要同时给孩子买太多与文化学习无关的东西，以免孩子在学习时心有所系；在孩子的书桌上，尽量少放一些东西，以免分散孩子的注意力，更不能让孩子养成一边看电视一边做作业的习惯。另外，父母给孩子提供一个安静的学习环境尤为重要，有些父母把孩子关在书房里学习，自己却在客厅里欣赏精彩的节目，这种外在的环境干扰容易使孩子分心。为此，父母要让孩子专心学习，在方方面面都要为孩子着想。比如教育家卡尔·威特就非常注意培养儿子在学习上的专心。在小威特学习功课时，老威特决不允许对孩子有任何干扰，在学习中，即使是妻子要向孩子问事，他也一概予以拒绝："小威特正在学习，现在不行。"家里有客人来访，老威特也不离开座位，并吩咐道："请让他稍候片刻。"老威特的用心良苦，使小威特在学习时养成了一种严肃认真、专心致志的习惯。

2. 单位时间内学习任务明确

现在父母在监督孩子学习时，往往有这样一种坏习惯：只要孩子说做作业，父母就对孩子满意了。但孩子做什么科目的作业，做多少，什么时候能完成，这些父母就不会再掌握得那么细致了。这样，只要时间充足，孩子就会边玩边学习，很难专心学习。如果单位时间内孩子的学习任务明确，那么他就会集中心思去完成。如果父母能够再检查一下孩子作业的完成情况，那么因为有人督促，孩子在学习的时候就会更加专心了。

3. 让孩子一件事一件事地做

现在的孩子，可能有很多爱好，有的爱好是有益的，但这些课余爱好很容易使孩子在学习上分心。因此，父母要处理好课余爱好与学习之间的关系，比如，学习任务不完成决不允许孩子干别的事，同样，在非学习时间也决不让孩子心里牵挂着学习，让孩子做完一件事以后再开始做另外一件事，这是孩子处理学习与其他事的原则。父母还要帮助孩子处理好孩子的各个学科之间的关系，父母要帮孩子安排一下，做完一门功课后允许孩子休息一会儿，学习重在劳逸结合，不要让孩子太疲劳。有些父母觉得要让孩子刻苦勤奋，就不应该让孩子休息，这样，会容易让孩子心力憔悴的。研究表明，开始学习的头几分钟，一般效率较低，随后会慢慢上升，一刻钟后达到顶点。根据这一规律，父母可建议孩子先做一些较为容易的作业，在孩子注意力集中的时间再做较复杂的作业。

家教智慧点拨

孩子有专心学习的良好品质，主要还是父母善于引导的结果。专心学习，是孩子能学得好的保证。一个人，无论他学习是多么勤奋、多么刻苦，如果在学习的过程中不专心，所有的勤奋和刻苦都会失去意义。

第六辑

父母课前多费心，孩子课内才能高效率

孩子良好的课堂习惯大都是老师培养的，但也离不开父母的教导。因为对于小学生来说，往往很难约束自己，所以，叮嘱孩子遵守课堂纪律，提醒孩子要跟着老师的思路走……这些都是父母必须做到的。父母只有不停地告诫和提醒，孩子在课堂学习时才能高效率。

课前做好预习有利于课堂理解

鱼鱼妈在家承担辅导鱼鱼功课的任务。可是，让鱼鱼妈感到困惑的是，每次辅导鱼鱼的作业，鱼鱼对白天所学过的知识完全陌生。鱼鱼妈向鱼鱼问道：“上课时没认真听老师讲？”“有，可是我听不懂。”鱼鱼回答道。鱼鱼妈又问道：“听不懂，为什么不问老师呢？”“老师下了课就走了。”鱼鱼显得很无辜。鱼鱼妈不得不临时当起了老师，把知识重新讲解了一遍，鱼鱼才明白了。鱼鱼妈还要辅导鱼鱼完成作业，直到快10点了才弄完。鱼鱼妈叮嘱鱼鱼，明天上课可要认真点，可不料第二天回来鱼鱼对那些讲过的知识还是一知半解，鱼鱼妈有点生气了，难道老师没有讲清楚吗？

再送鱼鱼去学校的时候，鱼鱼妈找到老师委婉地反映了鱼鱼的情况，老师先是耐心地听完了，然后笑着解释：“其实，我正准备请您到学校来一趟呢，班上的孩子们普遍都有在课堂上理解困难的问题，这主要是由于孩子们还不太适应教学，其他父母都反映了这个情况。当时我就让家长帮助孩子做好预习，那些孩子在课堂上理解就容易多了。因为最近这段时间一直在忙，还没有来得及告诉您这种情况，还希望你们家长多多支持我的教学工作。”

听完了老师的话，鱼鱼妈觉得挺不好意思的，向老师说道：“嗯，好的，以后我会帮助孩子做好预习的。”老师又补充了一句：“刚开始的时候，您要每天督促孩子做好预习，让他养成这样的习惯，以后他就能独立预习了。”“嗯，好的，谢谢老师。”鱼鱼妈向老师道谢之后就离开了。

许多父母都有与鱼鱼妈一样的担忧，即使老师已经放慢了教学进度，孩子们还是普遍反映自己理解很困难。其实，这时候孩子刚开始接触系统知识的学习，本来就有难度。因此，在这种情况下，父母要帮助孩子做好预习，并让孩子养成预习的良好习惯，这对于他以后的学习生涯都是十分有益的。

一、帮助孩子养成预习的良好习惯

所谓预习，就是在老师讲课之前，孩子自己阅读新课的内容，做到初步了解，并做好学习新知识的准备工作。所以，预习是学好功课的关键一步，预习将直接影响听课的效果，更能帮助孩子进行课堂理解。另外，如果孩子养成了预习功课的良好习惯，那对于他以后的学习生涯都是极为有益的。

1. 预习可以帮助孩子提高课堂效率

在课堂中，老师讲授的新知识，都是在学生现有的知识水平的基础之上进行的，由于课堂时间有限，老师也不会提供太多的时间让学生去思考。在这种情况下，如果学生对老师所讲述的知识一无所知，势必难以理解老师所传授的知识，即便能够理解一些，对于学生来说也很有难度。这样一来，孩子的学习就变为被动，所接受的知识也很有限，自然也就会降低课堂效率。因而，让孩子养成预习的习惯会有效地提高课堂效率。

2. 预习可以提高孩子的自学能力

孩子在学校学习的时间是有限的，如果孩子能养成预习的好习惯，并坚持预习，课前把那些原本不会的学会了，掌握了新知识，对新知识积极思考，时间久了就会养成良好的学习习惯，提高自己的自学能力，在以后的学习生涯中，孩子就会觉得越学越会学，越学越轻松，学习成了一种能力，自然也就不用父母操心了。

所以，父母要帮助孩子养成预习的好习惯。刚开始的时候，父母需要有点耐心，告诉孩子怎么样预习，什么时间预习，预习哪些内容，还可以适当地提出几个问题，让孩子带着问题去预习。长时间的指导之下，孩子就会把预习当做学习的一部分，养成预习的良好习惯。

二、教给孩子预习的方法

父母还应该掌握预习的方法，通过这些方法慢慢引导孩子，让孩子能够独立地完成预习工作。预习并不是把老师即将要讲的知识粗略地浏览一遍，这其实只是预习的一个步骤，那要怎样预习才能提高学习效率呢？预习主要是让孩子知道哪些知识看得懂，哪些知识不能理解，哪些地方感到困难，哪些地方觉得有问题，这样才能做到有效地预习。

1. 浏览

首先浏览一遍新知识，阅读教材、下面的注释、课后的练习。也就是在正式学习之前浏览教材，了解教材的结构和知识的内在联系，预习每一个知识点。

2. 查阅工具书

面对那些不理解的知识，要让孩子学会查阅工具书，扫清阅读障碍。因为在新知识里，必定或多或少讲些孩子不理解的知识点，这时候就需要孩子在预习的时候用笔勾出来，并查阅相关工具书。

3. 思考

预习并不只是用眼睛看一遍，父母可以在预习开始前给孩子提出几个问题，让孩子带着问题预习，带着问题思考。对于一些简单的问题，父母可以讲解给孩子，若是一些困难的地方，父母可以告诉孩子明天老师讲解的时候需要认真听，找到相关的答案。刚开始的时候，父母带着孩子一起预习，把这样的方法教给孩子。到后面，父母就以辅导者的身份指导孩子，久而久之，孩子就能独立完成预习工作了。

家教智慧点拨

提高了孩子的自学能力，在以后的学习生涯中，孩子就会觉得越学越会学，越学越轻松，学习成了一种能力，自然也就不用父母操心了。

培养孩子认真听课的好习惯

一个上小学五年级的孩子无精打采地对爸爸抱怨说:“爸爸，我觉得活着好累呀，好想歇一歇呀！”

爸爸既惊讶又非常不理解地问他：“你整天除了学习就是玩儿，怎么还会感觉累呢?”

“我每天都在学习，根本没有时间玩儿。”看爸爸流露出不相信的表情，他开始给爸爸讲述每天的日程安排：“每天听课时我好像都听不太明白，下午自习课时我还得把一天所学的内容再看一遍。一节自习课的时间根本看不完，晚上回家后不仅要继续看，还得写作业。每天写完作业后时间就已经很晚了，我得马上睡觉，因为第二天还要早早起床。时间总是安排得满满当当的，我觉得自己快要崩溃了！”

听完这个孩子痛苦的讲述，这位爸爸大概知道孩子的问题出在哪里了，于是问孩子：“每天听课时你为什么会听不明白呢?”

孩子低着头不好意思地说:“我上课时总是管不住自己，两眼盯着黑板，可几乎什么也听不进去，满脑子都是那些好玩的事。”

这位家长明白了，孩子在最重要的听课环节上出现了问题。

实际上，这个孩子是进入了这样的恶性循环圈：课上不认真听，课下自学。时间“双重浪费”、不够用于学习、生活陷入混乱状态：老师讲课内容没听懂，课下做作业遇到困难，加重“累”的感觉。孩子认真听课非常重要，但仍然有部分父母不以为然地这样认为：“小学阶段的知识很简单，孩子不认真听没有关系，课下自学一下就能学会。”

从表面来看，这个观点很有道理，但仔细推敲便会发现这个观点根本站不住脚。

第一，小学阶段的孩子正处于爱玩、疯玩的年龄，而且他们的自控能力是非常有限的，课上都不认真学，课下他们真的会自觉吗？

第二，即使他们在父母的强制下肯自学，他们自学的效率会比认真听课效率高吗？随着科目的增加，孩子会不会像上述的那个孩子一样陷入生活、学习混乱的状态？

第三，年级越高，所学科目和知识的难度越大，一旦孩子在小学阶段养成了不认真听课的坏习惯，进入初高中阶段，他们还有时间、精力以及信心自学吗？

答案不言而喻。父母千万不要觉得孩子“是否认真听课”是件小事，小学阶段是孩子各种习惯形成和定型的阶段，如果一个孩子在小学阶段上课总是开小差，进入初高中阶段，即使想认真听课，他们的思维常常也会不由自主地撤离“岗位”。所以，从孩子刚刚入学之日起，父母就应该把认真听课的好习惯灌输给他们。

提到认真听课，很多父母常常苦恼地说：“为什么孩子听课的效率总是不高呢？”

一般来讲，小学阶段的孩子听课效率不高常常会受很多因素的影响，例如压根没有进入听课的状态、时常“开小差”、不积极动脑思考等。因此，父母在给孩子讲认真听课的大道理之前，首先应该教会他们应该如何听课。

那么，在小学阶段，孩子到底应该如何认真听课呢？这里总结出以下几点：

1. 上课铃一响，立刻进入听课状态

在小学阶段，老师常常会发现这样一种现象：上课铃打响之后，很多孩子才慌慌张张地往教室里跑，往往老师都已经讲了5分钟的课了，他们还在气喘吁吁，甚至还没有完全从游戏的状态中摆脱出来。在这种状态下，孩子听课的效率是很难保证的。

针对这一点，父母应该给这些年龄尚小的孩子提出明确的要求：预备铃一响，就必须全部往教室里跑；上课铃打响之前，必须端坐在座位上等待老师讲课。

父母们可不要小看这短短的几分钟，只有这样孩子才能快速地进入听课的状态。如果上课铃打响之后，孩子才慌慌张张地往教室里跑，由于劳累或心里还在想着刚刚玩的游戏，他们是很难一下子就进入听课状态的。在这种情况下，孩子的听课效率可想而知。

相反，如果预备铃打响之后，孩子就往教室里跑，在上课铃打响之前，他们可以擦擦额头上的汗、喝点水休息一下，甚至还可以拿起课本看两眼接下来要学习的内容，这样，在老师讲课之前，他们就可以完全进入听课状态。仅仅几分钟的差异，但对于孩子的整体学习质量而言，却有着天壤之别。

所以，明智的父母在孩子刚刚上学时，就要向他们灌输这样的观念："预备铃打响之后就要停止游戏，快速地在座位上坐好。""喝点水，回忆一下老师上节课所讲的内容。""把课本翻到老师要讲的内容，把文具准备好，等待老师讲课。"

2. 上课该听什么：老师的讲解、同学的发言

很多父母会问这样一个问题："上课时孩子该听什么？"所有的父母都惊异地回答说："当然是听老师讲课了。"其实，在小学阶段的课堂上，孩子除了要听老师的讲解外，还要关注同学们的发言。

在听课的过程中，很多孩子常常抱有这样的想法："老师讲课时我认真听，同学回答问题时我就可以休息一会儿，开会儿小差了。"

有这种想法的孩子就大错特错了，老师讲课、同学发言，这两方面缺一不可。首先，很多时候，老师提问同学问题实际上是提醒他不要"开小差"，也就是说，提醒一下某个"开小差"的孩子讲课马上就会继续。在这种情况下，如果孩子想趁同学回答问题的机会休息一下，那接下来的听课过程中他很有可能就会进入"断档"状态。其次，这些年龄尚小的孩子注意力是很容易分散的，考虑到课堂效果和课堂气氛，老师常常会采用互动的教学方式，即针对一些重要的知识点设置几个问题，让同学们通过回答的方式把它们展现出来。所以，如果孩子在同学回答问题的时候"开小差"，他们很容易就会错过课堂中的精华部分。

所以，当孩子的听课效率不高时，父母应该告诉他们，课堂的两项主要内容：老师讲解、同学发言，一项都不能错过。

家教智慧点拨

课上是否认真听课不仅决定着孩子的学习效率，还决定着他的整个学习生涯是否能够顺利发展。父母可以这样告诉孩子，预备铃打响后，立刻停止玩耍，为进入听课状态做好准备。

鼓励孩子课上积极发言，不害羞

哪些孩子的听课效率最高？每当被问到这一问题时，小学老师会毫不迟疑给出这样的答案：“当然是那些课上积极发言的孩子听课效率最高。”为什么会这样说呢？

不管是孩子还是成年人，在学习的过程中最需要的也是最珍贵的态度是什么？当然是认真、积极。如果一个孩子课上总能积极发言，这至少说明他具备了两种积极的学习态度：一是在认真听课，思路在紧跟老师走；二是在积极开动脑筋思考问题。

然而，在现实生活中，大多数父母只关注孩子是不是认真听课，却忽视了他们有没有积极发言。其实，父母们的这种做法是不科学的，对于小学阶段的孩子来讲，课上积极发言不仅能够提高听课效率，还能在极大程度上激起他们的学习愿望。

孩子刚上学那天，一位爸爸神秘地对他的孩子说：“告诉你一个诀窍，它能让你很快就成为一个好学生，这个诀窍就是勤举手。”看着孩子那双会思考的大眼睛，爸爸继续对他说：“不管有问题要问老师，还是回答老师的提问，都要在第一时间把小手高高地举起来。”

为什么告诉孩子要勤举手呢？因为小学阶段的孩子学习愿望的产生需要两个必要条件：一是得到老师的特殊关注；二是体验到某种特殊的成就感，如被评为“三好生”或因成绩好而得到奖状等。而课上勤举手、勤发言这种好习惯，恰恰是这两个必要条件产生的催化剂。

每个孩子都期望得到老师的特殊关注，哪怕是一个不经意的动作，一个眼神的对碰等，这都会给予孩子无比强大的力量，使他们认真听课、好好学习。作为老师，我们不应该对某个或某些学生有特殊的偏爱，但在很多时候，这种偏爱是在不知不觉中表现出来的：如果有人问老师对班上的哪个学生印象最为深刻，在老师的头脑中会不由自主地浮现出那个上课常常举手发言的孩子。同样的道理，讲课时、请同学们发言时，老师的目光也总会不由自主地投向那些平时积极发言的孩子。不仅如此，在很多时候，课上勤举手、勤发言还常常会给其他孩子带来意想不到的惊喜。

有这样一个孩子：从小学到中学，他几乎每堂课都积极地回答问题。一次“优秀学生”评选中，他的成绩并不是最突出的，但就因为各科老师对他的评语都是这样的：“这个孩子勤奋好学，学习态度非常积极”，而摘取了这次“优秀学生”评选的桂冠。

老师判断学生学习态度是否积极的主要标准是什么？就是看他课上是否勤举手、勤发言。学习成绩并不是最突出的，但就因为学习态度积极而摘取了“优秀学生”评选的桂冠，对于一个小学生来说，这简直是莫大的惊喜。有了这次成功的经历之后，孩子能不更加积极地对待学习吗？能不对学习越来越感兴趣吗？

那么，在小学阶段，父母应该如何帮助孩子养成课上积极发言的好习惯呢？

1. 用老师及同学的称赞去激发孩子发言的积极性

老师的评价与孩子是否敢于积极发言有着直接的关系。

有一个孩子就非常不幸，上三年级的时候，有一次上课回答问题，老师对他的回答很不满意，于是便指责他说："你有没有认真听课呀，这么简单的问题居然能答错！"就是因为老师这一句话，他上课再也不肯主动举手回答问题了。

幸运的是，他有一位明智的妈妈，了解到这一情况之后，这位妈妈没有继续责怪孩子笨或抱怨孩子没出息，而是积极地找老师协调，帮助孩子克服这种"发言恐惧症"。

她这样对老师说："即使他不举手，简单的问题您也可以让他来回答；即使他回答得不够好，也请您多给他一点鼓励。"

虽然这位妈妈没有陪孩子一起听课，但她经常向老师或同学打听孩子的课堂表现情况，并不失时机地激发孩子课上发言的积极性。例如：每次开完家长会，她都会这样对孩子说："今天老师列举了九个课上回答问题最棒的孩子，其中就有你的名字呢！"每次从孩子的学校回来，她总会这样对孩子说："今天我跟你们班的××聊天了，他说他很佩服你站起来就回答老师问题的勇气呢！"

就这样，在妈妈的引导和鼓励下，这个孩子终于走出了之前的"课上发言恐惧症"。

小学阶段的孩子正处在自尊心快速发展的阶段，一旦他们课上发言的积极性受到打击，便很难再变得积极起来。其实，即使孩子课上没有受到过老师的责备，父母也应该有保护他们课上发言积极性的意识。就像上述那位母亲的做法，经常向老师或同学打听孩子课上的表现，并借老师或同学之口鼓励他积极发言。例如，"老师称赞你积极发言的勇气可嘉。""同学们都说你上课回答问题声音洪亮、不慌不忙，都说要向你学习呢！"

2. 找到根源，帮助孩子大胆发言

一般来讲，孩子上课不喜欢举手回答问题，最主要的一点原因就是胆小怯场，不敢在众人面前发言。对于这种类型的孩子，父母要多给他们创造在众人面前发言的机会，当然，这种机会最好是先从周围熟悉的人开

始。对此，一位聪明的父亲是这样做的：

每到周末，他就鼓励孩子邀请几个同学来家里办一个小型的聚会，在聚会的过程中，他常常引导孩子们玩一种当众发言的小游戏，在轻松愉快的氛围中，孩子既能玩得很开心，又锻炼了当众发言的胆量。

最为重要的是，通过这种小型聚会，孩子几乎与全班的同学都很熟悉了，上课再发言时，孩子自然就不再像之前那样紧张和胆怯了。

这位父亲的方法的确是一种不可多得的好办法。小学阶段的孩子之所以不敢在课堂上发言，有一个很重要的原因，那就是他不了解其他同学，怕在同学们面前丢面子。但当与同学都很熟悉之后，这方面的顾忌就会明显减少，大胆发言很有可能就会成为现实。所以，当孩子因为胆怯而不敢发言时，父母们可以给他们这样的积极暗示："班上的同学都是你的好朋友，没有什么不好意思的，大胆地去发表自己的意见吧！"

家教智慧点拨

课上积极发言不仅可以提高孩子的听课效率，还能给老师留下良好的印象，赢得老师的喜爱，从而激起孩子更加强烈的学习欲望。

要孩子课堂上敢于提问，善于提问

陶行知先生曾说过："发明千千万，起点是一问。禽兽不如人，过在不会问。智者问得巧，愚者问得笨。人力胜天工，只在每事问。"在课堂上孩子要敢于提问，敢于提出自己的问题，暴露出自己的问题，这样孩子才能真正地理解。只要是经过了思考的问题，都应该勇敢地提出，让老师和同学们帮助解决。还有一些不懂或不能理解的问题，也要敢于讲出来，让老师了解自己的疑问，听听老师是怎样解决这个问题的，绝对不能让孩子不懂装懂。只有在课堂上敢于提问，才能有效地提高课堂效率。

放学回家后，平平妈就督促平平预习功课，看着平平查工具书，又勾出一些不理解的句子和词语。在平平妈的帮助下，平平理解了简单的词语和句子，剩下比较困难的问题，平平妈就告诉平平："这里还有一些不理解的，你要在明天课上向老师提问，明白了吗？"平平妈觉得，让孩子养成爱提问的习惯是好事，所以，平平妈耐心地向平平解释："我觉得你应该向老师提问，在课上提出问题。"平平迟疑了一会，吞吞吐吐地说："可是，我怕老师说我笨，连这么简单的问题都不会。""不会的，老师喜欢那些爱思考的孩子，他会觉得你很爱动脑筋。"平平妈向平平保证，平平只好点点头。

第二天，在放学路上，平平妈问平平："昨天我让你向老师提问，你今天问了老师没有？"平平胆怯地摇了摇头。平平妈惊讶地问道："你怎么没有问老师呢？难道你自己已经懂了？"平平还是摇摇头，平平妈似乎理解了平平的心情："平平，在学习上你总会有一些不懂的地方，向老师请教有什么不可以呢？老师也不会嘲笑你的，相反他会觉得你爱思考，老师也会耐心地为你讲解，以后你在课上有什么不懂的都要学会向老师请教，知道吗？""可是，我害怕，不敢向老师提问。"平平还是显得信心不足，平平妈又说："不要害怕，不过是问个问题，你看你经常向妈妈提问，妈妈也没有说你什么啊，老师也是一样的。如果你实在不敢在课堂上提问，那么你就下课了私下向老师问吧，这样就不用害怕同学们了。"平平觉得私下问老师可能不会那么害怕。平平点点头："明天我就问老师去。""嗯。"说服了平平的平平妈也很高兴。

一般而言，小学生都具有好奇、好问、好表现自己的特点，只要老师给予了机会，他们就能够在课上提出自己的见解与问题。但是，在实际的课堂教学中，却经常出现这样的情形，面对老师的循循善诱，孩子就是不为所动，不敢或者不愿意提出自己的问题。时间长了，孩子就会逐渐变得不愿问，最终问不出，这样也会慢慢地减弱发现问题的意识和提出问题的能力。因此，父母要保护孩子敢于提问的积极性，还需要引导孩子去发现问题、提出问题，这样才会有效地提高孩子自主学习的能力，进而提高课堂效率。那么，作为父母应该怎么做呢？

1. 培养孩子敢于提问的意识

爱因斯坦说过："提出一个问题往往比解决一个问题更重要。因为解决一个问题也许是数学经验或实践上的一个技巧而已，而提出新的问题、新的可能性，从新的角度看旧的问题，却需要创造性的想象力，而且标志着科学的真正进步。"敢于提问对于开发孩子的智力、培养创新意识和实践能力都是十分重要的。在平时的生活中，父母需要有意识地培养孩子敢于提问的习惯。父母或许都有这样的感觉，孩子在小的时候特别爱问问题，常常是"打破沙锅问到底"，可是随着孩子越来越大，他们提问的欲望却越来越小，孩子经常没有问题可问。面对这样的情况，父母需要积极引导孩子敢于提出问题，当孩子能够大胆地说出自己的看法，无论正确与否，父母都要给予赞赏，不要批评或嘲笑。

2. 鼓励孩子勇敢提问

如果有的孩子想到提问就情绪紧张，担心自己说不清楚，那么父母可以建议孩子在课外继续提问；那些不敢在公众场合提问的孩子，父母也可以建议他们私底下问老师。无论是哪种方式的提问，父母都需要给予最大的支持，让孩子养成积极提问的良好习惯。

3. 保护孩子提问的积极性

在日常生活中，父母要正确对待孩子所提出的问题。有时候，由于孩子天真烂漫，偶尔会提出一些稀奇古怪的问题，这时候就需要父母正确处理。即便孩子问题中有错误之处，父母也不要批评，而要鼓励孩子提出更好的问题，使孩子有一种成就感，逐渐使孩子由不敢提问、不懂提问转化为敢于提问、乐于提问、善于提问。

家教智慧点拨

在任何时候，父母都要引导孩子提问，这可以培养孩子提问的积极性，让孩子体会到提问的乐趣，使孩子真正地学会学习，同时也能培养孩子的创新能力，有效地提高课堂效率。

让孩子学会遵守学校的课堂纪律

据一些小学低年级老师反映，刚刚进入小学的孩子都不能很好地遵守课堂纪律，他们老是喜欢动、坐不住，不然就是喜欢讲话、大声喧哗等等。

嘉嘉妈每天都会对嘉嘉说："上课要认真听讲，不能随便讲话，不要睡觉、传纸条、发呆、看小人书、插话、打架、顶嘴、发出怪叫，反正老师不让你讲话的时候，你就不要讲话，明白没有？"这时候，嘉嘉都会认真地点点头，可是，即便是每天这样千叮咛万嘱咐，嘉嘉还是违反了课堂纪律。这天，嘉嘉妈去接嘉嘉放学，被老师请去办公室谈话，在谈话中嘉嘉妈了解到：最近几天嘉嘉上课总是好动，要么就是与同桌说话，要么就是与前排或后排的同学窃窃私语。老师建议嘉嘉妈："你可以找个时间与孩子沟通，找到问题的症结。"我问了他好几次，他都不说。再这样下去，不仅会影响到嘉嘉自己的学习，也会影响到同学们的听课情况。"嘉嘉妈有些不好意思："我会问他的，麻烦你了，老师。"老师微笑着摇头。

回家的路上，嘉嘉妈并没有开口问嘉嘉，倒是嘉嘉拉着妈妈问这个问那个。到了晚上，在妈妈的辅导下，嘉嘉写完了老师布置的作业。嘉嘉动作熟练地打开了电视机，看起了动画片，嘉嘉妈故意大声与嘉嘉爸说话，一会儿，嘉嘉有点生气地跟妈妈说：“妈妈，请你说话小声点，你影响到我看电视了。”嘉嘉妈坐在嘉嘉旁边轻声说道：“嘉嘉，如果有小朋友在课堂上讲话会影响你学习吗？”“会！”嘉嘉毫不犹豫地回答。嘉嘉妈又说道：“那为什么咱们的嘉嘉总喜欢在课堂上讲话呢？”“这是因为我想和他们说清楚要玩的游戏。”嘉嘉妈明白了，她拉过嘉嘉：“可是，你这样在课堂上讲话，既是不尊重老师的行为，也让其他同学没有办法认真听讲，影响他们的学习，所以，以后有什么事情下课之后再讲，上课的时候需要遵守课堂纪律。还记得是哪些吗？”嘉嘉低下头：“记得，不许随便讲话、打闹，不能睡觉，妈妈，我以后会遵守纪律的。”嘉嘉妈听到了嘉嘉的保证也就放心了，陪着嘉嘉看起了电视。

虽然小孩子好动、喜欢讲话都是可以理解的，但这将直接影响其他同学的学习，也让老师觉得很为难。其实，出现这样的情况，就是孩子们习惯于幼儿园里那种松散的课堂环境，最关键的原因就是孩子的注意力比较分散，他们不能长久地保持注意力，所以，在没有足够的自我控制能力的情况下，他们就会做出违反课堂纪律的行为。这时候，父母应该担负起培养孩子注意力的责任，继而提高他的课堂效率。

1. 有意识地培养孩子的注意力

注意力是智力结构中的一个重要组成部分，也就是一个人专心于某事物的能力。孩子进入了小学学习系统知识，每一节课所需要的时间是40分钟或者更长的时间，相应地就需要孩子保持这种长时间的注意力，这对于刚刚从幼儿园出来的小朋友来说是一个极大的考验。因而，有的孩子在课堂上就表现出活泼好动，坐不住，而且注意力分散，对学习也缺乏兴趣，不善于支配自己的行动；还有的孩子做事三心二意，常常半途而废。这时候，父母如果不采取一定的措施对孩子的行为进行纠正，久而久之就会养成一种不好的习惯，他们对任何事物都难以进行深入的思考，头脑简单，行为幼稚，这对于孩子的学习成长都会带来极为不利的影响。

作为父母应该知道，对孩子这种不良行为的长久忽视，会给孩子的未来造成难以弥补的损失。所以，一方面父母要冷静细心地观察孩子的行为，找出孩子注意力分散的根本原因；另一方面还要有意识地培养孩子的注意力。培养孩子注意力的方式多种多样，但不外乎都是为了让孩子长久地专注于一件事情。这样的训练时间要由短到长，父母可以选择孩子比较感兴趣的事情入手。你可以选择给孩子讲故事，通过提问来集中孩子的注意力；你可以选择让孩子观察动物的成长过程；你可以请孩子帮忙拿一些东西，由一件到几件不等，这样来增强孩子的注意力。通过这些训练方法，时间久了，孩子的注意力自然就会有所增强，他们能长久地专注于一件事情，也就提高了课堂效率，降低了孩子违反课堂纪律的可能性。

2. 告诉孩子违反课堂纪律的后果

虽然孩子的注意力有所增强，但他们还是难以保持长达40分钟的注意力。这时候，父母应该告诉孩子违反课堂纪律的后果，让孩子明白他所在的学校不同于幼儿园的轻松环境，需要遵守学校的课堂规定，这才是一名合格的小学生。孩子在课堂上违反纪律，这是不尊重老师的行为，不仅会影响自己的学习，还会影响其他同学的学习。当孩子知道了违反课堂纪律的严重性的时候，他就会收敛自己的行为，认真听讲，进而提高课堂效率。

家教智慧点拨

孩子在没有足够的自我控制能力的情况下，他们就会做出违反课堂纪律的行为。在这时候，父母应该担负起培养孩子注意力的责任，进而提高课堂效率。

教孩子上课要跟着老师的思路走

上课是学生在老师的组织和引导下对知识的认知过程，要想提高听课的效率，学生的思路就应该紧跟着老师走，这样才能有效地提高课堂效率。然而，在课堂上有许多小学生喜欢思想开小差，不是停留在老师所讲解的知识点里，就是对学习没有兴趣。面对这样的情况，作为父母要积极配合老师的教学活动，耐心地与孩子沟通，发现问题的症结处，并找出行之有效的方法，让孩子在课堂上跟着老师的思路走，提高听课效率。

一天上午，勇勇妈被通知去学校开家长会，她提前请了假，打算看看勇勇在课堂上表现怎么样。于是，勇勇妈趁着还在上课的时候，偷偷地站在窗户旁边观察勇勇的举动。只见勇勇很乖地坐在位置上，一会儿看着书，一会儿看看老师，一副很听话的样子。勇勇妈看着很高兴。这时候，老师向勇勇提问了，勇勇似乎没有听见，勇勇妈着急了，老师又叫了一声"勇勇！"勇勇稀里糊涂地站起来，很无辜的样子，他根本不知道老师向自己提问了。前排的同学回过头说："老师问你问题呢！"老师亲切地问勇勇："勇勇，你思考好了吗，告诉我答案是什么？"勇勇茫然地说道："老师，你刚才问我什么？"这下子，不仅老师，连在窗外听课的勇勇妈都大吃一惊，这孩子肯定是走神了。老师让勇勇坐下，提醒了一句："上课要专心听讲，跟着老师的思路走，明白了吗？"全班同学大声回答："明白了。"

下课后，勇勇发现了教室外面的妈妈，扑了上去，勇勇妈有点生气："妈妈还想看一下勇勇的课堂表现呢，谁知道你思想却开了小差。"勇勇低下头："其实，我还在想老师前面讲的那个问题，我没有听懂。"勇勇妈明白了，她对勇勇说："上课的时候，老师讲到哪里，你的思路就要到哪里，即便是前面没有听懂的也要放下来，跟着老师的思路走，等到下课了，你再向老师请教。否则像你这样，前面的没有听懂，后面的又没有听，这节课你就根本学不到什么知识了。""嗯，我知道了，下次我一定认真听老师讲课，不再想其他的了。"勇勇举起双手向妈妈保证。

其实，孩子在上课时思想容易开小差有多方面的原因：有可能是对学习不感兴趣；也有可能是学习习惯不好，上课前20分钟还能集中注意力，时间长了，就很容易习惯性地走神，想一些和学习无关的事情；有的则是对课堂知识理解有困难，有些地方听不懂，就很容易思想开小差，越听不懂就越容易走神。无论是哪种原因，都需要父母多与孩子沟通，找到问题的症结所在，然后再对症下药，切忌一味地责怪孩子。

那么，面对这样一些情况，父母该如何应对呢？当然，面对不同的原因应该采取相应的方式，例如：

1. 成就驱动法

有的孩子是对学习不感兴趣。对于这样的情况，父母可以通过成就驱动法，让孩子在学习的过程中体会到成就感，父母要适时地不断给予孩子鼓励和肯定。一旦孩子有了进步，父母就要大加赞赏，以激励奖励为主，少一些责备，多一些肯定，这样让孩子增强自信心，也认识到学习是一种乐趣，孩子就会喜欢上学习，在课堂上也会积极听讲。

2. 养成良好的学习习惯，上课集中注意力

有的孩子没有良好的学习习惯，上课前20分钟能够集中注意力，后面就会放松，习惯性地走神，想一些和学习无关的事情。他们的原因在于注意力比较分散。父母可以让孩子养成上课记笔记的习惯，这样就可以有效地控制自己不走神，思路自然也会跟着老师走。

3. 引导孩子提高课堂效率

有的孩子就像勇勇一样，对老师前面所讲解的知识没有理解，注意力一直放在那里，就很容易走神，连老师讲到哪里了都不知道。上课的时间有限，老师只会照顾大部分孩子，因而老师可能会对那些简单的内容一句带过，主要讲述那些难以理解的知识。父母需要告诉孩子，即便自己前面有的地方没有听懂，也要跟着老师思路走，到下课了再向老师请教不懂的地方，这样才会取得良好的听课效果。

4. 让孩子意识到听课的重要性

小学低年级的孩子还没有足够的控制能力，他们有时候在课堂上不能控制自己的思想，所以需要父母的帮助，当然这还需要老师增加课堂的趣味性，而重点则在于孩子本身。父母应该让孩子明白，要想取得好的成绩，就应该在课堂上专心听讲。孩子认识到认真听课的重要性，他就会适当地克制自己，减少思想开小差的频率。

家教智慧点拨

上课是学生在老师的组织和引导下对知识的认知过程，要想提高听课的效率，学生的思路就应该紧跟着老师走，这样才能有效地提高课堂效率。

让孩子课上积极呼应老师

周末，小表妹媛媛来家里了，露露可兴奋了。媛媛刚一进家门，露露就拉着媛媛进了自己的房间，把自己的玩具都拿出来，两个人一起玩了起来。媛媛比露露小两岁，现在还在上幼儿园呢，因此，露露很骄傲地告诉媛媛："我现在已经是小学生了，你还是个小朋友。"媛媛还不懂得什么是小学生，不过，她被姐姐的玩具小汽车吸引了。露露玩了一会，看着书桌上的故事书，她心血来潮地拉着媛媛："媛媛，我给你讲故事好不好？""好。"媛媛坐在床边，听着露露讲故事。厨房里，媛媛妈对露露妈说："露露上了小学还真学了不少，我也赶紧把媛媛送到学校去，让她早点上学，可以开发智力呢！""嗯。"露露妈一边忙活着，一边与妹妹闲聊着。

一会儿，露露哭丧着脸来到厨房："妈妈，小姨，媛媛不是好孩子。"小姨乐了："媛媛哪里不好了？"露露回答："我给她讲故事，她也不理，自己玩自己的，也不提问。"露露妈笑了起来，她想起了老师，灵机一动："露露，媛媛不理你自己玩自己的，你难受不？""妈妈，我可伤心了，难道她不知道我讲的故事很有趣吗？"露露妈笑了："那你想想，媛媛就相当于你的学生，你就是一个小老师，老师没有得到学生的回应是不是很伤心？""嗯，我都讲不下去了。"露露显得很委屈，露露妈巧妙引导："那你在上课时不理老师，老师讲什么，你也不呼应，老师也会伤心啊！"听了妈妈的话，露露才明白过来："我下次会举手回答老师的问题来呼应老师，不让老师伤心！”“嗯，这才是好孩子！”

原来露露妈那天接到了老师的电话，老师说露露在课上不喜欢回答问题，也从来不举手发言，叫她起来回答问题也是一句话不说。现在，露露妈已经巧妙地让露露明白了这个道理，那就是学生在课上要积极呼应老师。

有不少老师反映，在上课的时候，孩子们不愿积极主动地回答老师的问题，这样的情况让老师觉得自己是一个人在唱独角戏。有的老师表示，即便是自己在课上问学生“是不是”这样的问题时，下面的学生也没有什么反应，这样的情况多出现在低年级。出现这种情况的原因是多方面的，有的孩子胆小，有的孩子不善言辞，有的孩子不懂得如何来呼应老师。面对这样的情况，父母应该帮助孩子克服胆怯心理。

1. 帮助孩子找到原因

有些孩子不敢或者不愿意在课堂上回答问题，原因是性格比较内向，即使知道答案，也不愿主动站起来回答老师的问题。哪怕被老师点名，往往也是红着脸、低着头，不敢正视老师。遇到这样的情况，父母应该尽可能为孩子创造一个表现的机会，锻炼孩子的胆量。平时的教育很重要，父母不要给孩子压力，应让孩子从小就觉得“我是最棒的”，在公共场合多让孩子讲话，多给他一些锻炼的机会。还需要多跟老师沟通，询问孩子在学校时的表现，事后，可以给予适当的夸奖；如果孩子没有做得很好，也要多鼓励他。

有的孩子则是因为自信心不足，可能平时老师很少在课堂上提问，让他养成了不喜欢思考的坏习惯。他心里会想“反正老师不会叫我”，因而在课堂上表现得思考不积极、回答问题不积极。如果孩子出现了这样的情况，父母应该和老师沟通，让老师在课堂上多给孩子发言的机会，孩子自然就会养成积极思考、积极发言的习惯。

还有一种情况就是，有的孩子与老师形成了抵触情绪，有可能是老师在某一次批评了他，他就误解了老师，不喜欢上老师的课，在课堂上表现也不积极。这时候，父母应该劝导孩子：你做错了事情，老师告诉你是对你好，希望你能及时改正。这样有效地缓解孩子的抵触情绪，让孩子在课上积极呼应老师。

2. 让孩子主动参与

孩子才进入小学不久，他可能还不懂得如何与老师呼应。这时候就需要父母告诉孩子，你们才是课堂上的主角，老师只是负责引导你们，因此，学生应主动参与，这样才能够通过老师的引导学到更多的知识。同时，让孩子养成上课积极发言的习惯，有助于孩子养成思考的习惯，也可以有效地抑制孩子走神。

家教智慧点拨

鼓励孩子在课上要积极呼应老师，其中最大的好处就是能保证孩子的思路跟上老师，思维顺着老师的思维走，对提高课堂效率有非常大的益处。

第七辑

和孩子“一对一”，好成绩需要父母的陪护

对于小学生来说，在学校，孩子有老师辅导；在家里，孩子有父母教育，两者有互补作用。所以，家校的教育质量直接影响到孩子的学业。孩子在小学时自觉程度不高，这时就更离不开父母的辅导和教育，那么，爸爸妈妈该怎么做，不但能填补学校的教育空白，而且更让孩子好上加好呢？

不必请家教，父母才是最好的老师

很多父母常常有这样的疑惑：“小学时孩子的成绩不突出，要不要为他请个家教？”在这里，我们负责任地告诉这些父母：“小学不必请家教，你才是孩子最好的家庭教师。”

我们不提倡父母为孩子请家教的原因有两点：首先，请家教更易使孩子的成绩出现“滑坡”现象。现实中，几乎每个班级都有几个孩子上课漫不经心，既不认真听讲，也不积极回答问题。为什么他们对待学习如此不用心呢？原来，这些孩子认为上课听不听无所谓，反正回家后家庭教师还会给讲一遍呢。所以，他们就会把课堂听课的机会当成可有可无的一件事。其实，孩子这种忽视课堂学习的状态，让他们损失的可不仅仅是在课堂中没有学到的那些知识。

其次，请家教会使孩子的学习变得被动。一位父母这样评价孩子的家庭教师：“这次给孩子请的家教真是棒极了，短短两个月，竟然使孩子的学习成绩提升了十几个名次！”一位有着多年教学经历的老教师总结出了这样一个规律：每个孩子的好成绩都是建立在牢固的基础知识、正确的学习思路、优越的学习能力基础之上的。这些能力的获得都是在平时的学习过程中一点点积累起来的，学习根本不存在成绩速升的“神话”。

很多家庭教师之所以能使孩子的成绩在短时间内提升，是因为他们与任课老师的教育理念是不同的。任课老师的教育理念是，在传授孩子知识的同时，并赋予他们思考的机会、学习的能力，使成绩稳步提升；但大多数家庭教师的教育理念却是：将所有知识都“填充”在孩子的头脑里，使成绩在短时间内速升。

只知道一味地向孩子的头脑中“填充”知识，将所有的解题方法、答案都抛给孩子，孩子就会变得只会被动地接受，不去主动思考，当然也不会具备自主思考的能力。在这种情况下，即使孩子的成绩提升再多名次，这也只是表面现象。因为不具备主动思考、自主学习的能力，一旦离开家庭教师，孩子必定会出现学习困难。在学习方面，小学阶段的孩子需要帮助，但父母才是孩子最好的家庭教师。

有这样一位明智的家长，她没有为孩子请家教，也没有像其他家长那样催促或逼迫孩子学习，但她的孩子不但成绩好，对待学习也是最积极的一个：课上全神贯注听讲，课下按时完成作业……当别的家长向她请教经验时，她都会这样分享：我的孩子有两大特点，一是吃软不吃硬；二是最受不了别人夸他，因此，我们总会变着花样夸他。

一次家长会结束后，我知道这是教育他的最好时机，于是我故意压低声音对丈夫说："今天老师公布听课最认真的同学，第一个竟然就是咱家孩子……"

"是吗？简直太棒了！"

"嘘！小声点。"

我知道，我们越是这样神秘，他就越支着耳朵听我们谈话。看到我们满意的表情，他心里当然也会美滋滋的，以后的表现自然也就越来越优秀。

这位家长的经验虽然不一定适用于所有的孩子，但她的分享却向我们传达了这样两点重要的信息：父母是最了解孩子的人，知道什么样的教育策略对孩子最有效；父母是最了解孩子学习动向的人，可以为孩子提供最及时、最贴心的帮助。

是的，与陌生的家教相比，父母更有资本做孩子的家庭教师。读到这里，很多父母肯定会思考这样一个问题："既然父母有做好孩子家庭教师的优势，为什么周围还有那么多教育失败的例子呢？"

其实，教育孩子就像做工作一样，做任何一份工作，如果你不讲究技巧、不善于总结经验，即便有再大的优势，最终也逃不过失败的结局。当孩子的家庭教师也是如此，如果你不了解孩子的特点，只是不讲技巧地催促或逼迫孩子学习，那这种教育最终也会失败。所以，做好孩子合格的家庭教师，父母也有必修的“功课”。

1. 找到最适合孩子的那把“钥匙”

世界上没有完全相同的两个孩子，每个孩子都有自己的特点，例如，有的孩子需要激励，有的孩子喜欢被表扬。作为父母，我们要善于发现和总结孩子的这些特点，因为这会帮助你找到引导孩子学习的最有效“钥匙”。

就像上述那位父母的做法，“夸”就是她引导孩子学习的有效“钥匙”。所以，善于总结孩子的特点，并找到引导他学习的有效“钥匙”，这是父母成为孩子合格家庭教师的第一步。

针对不同特点的孩子，要用这些不同的“钥匙”引导他们学习。

针对争强好胜的孩子，要多用“激将法”。例如，这样对他们说：“这道题非常难，别的班的学生都没有做对的，我想你们班的同学也肯定对它无能为力吧！”

针对自信心不强的孩子，多用“点将法”。例如，多让他们回答问题，不管答案是否正确，都对他们积极思考的行为进行鼓励。

针对贪玩又没自制力的孩子，多用“赋予责任法”。例如，多这样对他们说：“老师经常说你活泼又懂得上进，同学还说要以你为榜样呢！你一定要给他们做好榜样呀！”身上承载着神圣的责任，他们就会有意识地控制自己贪玩的欲望。这些“钥匙”完全可以被父母所借鉴。一把锁总有与它配套的一把钥匙，对于孩子的学习来说也是如此，只有找到最适合孩子的教育方法，他们才会以最佳的状态投入到学习中去。

2. 通过各种渠道了解孩子的学习情况

父母是最了解孩子的人，往往只问几个简单的问题，父母就能断定孩子在学校快不快乐，有没有认真学习，哪些知识点掌握得不牢固。了解孩子的学习动向，进而为他提供最及时、最贴心的帮助。

然而，随着孩子年龄的增长，细心的父母都会发现，孩子越来越不肯向自己透露心声了，而且，如果总是询问其学习情况，他们还会表现得特别厌烦。不了解孩子的学习情况，父母往往就不知道从哪下手去帮助他们。有一位母亲不直接询问孩子，却也总能及时了解孩子的学习动向，她这样分享自己的经验：

我是通过两种渠道了解孩子的学习情况的：一是他的老师；二是他的好朋友。

每次家长会结束之后，我都会有意识地与老师多聊一会，不用刻意去问，老师就会有意无意地把孩子在学校的情况透露出来。另外，我很早就保存了老师的电话，节假日时经常给老师打个问候电话，沟通的次数多了，老师就会自动聊起孩子在学校的表现。

每次孩子的好朋友来家里玩时，我都会与这个小家伙多聊上几句。当然，我不会主动问："他在学校没有捣乱吧？有没有挨老师的批评？"而是从侧面进行攻击："上课时有很多有意思的事吧？是不是有些孩子经常捣乱？"在不知不觉中，孩子在学校的表现都已经在我的掌控之中了。

这位家长的做法非常科学，当孩子不肯透露自己的学习情况时，从他的朋友及老师入手，是了解他学习情况的最佳途径。当然，父母们还应该注意，这一切都应该在孩子浑然不知的情况下进行。例如，给老师打电话，要选择孩子不在场的情况，而且事后不应该对他提及此事；与他的好朋友聊天，闲聊可以，千万不要提那些有强烈目的性的问题，否则他很容易就会把这一渠道"封锁"。

家教智慧点拨

孩子成绩不理想，也不要盲目地给孩子请家教，家教只会让孩子产生学习依赖性、丧失主动，从而出现成绩更加"滑坡"的现象。父母是对孩子最了解的人，接触时间最长的人，父母才是孩子最好的家庭教师。

学习最忌讳的是强制，最欢迎的是引导

孩子到了小学高年级，随着自我意识的发展，孩子的反抗行为越来越明显地表现出来。如果父母还是强迫孩子学习，这不但不利于他们学习兴

趣的培养，还会把他们的反抗意识极大地激发出来。有时你不知道孩子坐在书桌前思考什么，其实，孩子很有可能是在思考反抗父母的计划，“伪装”学习的手段，而他那种坐在书桌前学习的“假象”，实际上就是对父母最明显的一种反抗。

一位家长无奈地对孩子的老师抱怨说：“我家孩子学习挺认真的，一回到家就坐在书桌前学习，为什么越学成绩越后退呢？”

老师对这位家长有一定的了解，她是那种“看到孩子玩耍就烦躁，只有看到孩子坐在书桌前学习才安心”的母亲。她的教育理念是：即使不学习也必须坐在书桌前。孩子小的时候，她的这一方法还真起到了一定的效果，家里所有的玩具都被她藏了起来，小家伙无事可做，只得写作业了。现在孩子已经读小学高年级了，她那种教育方法的“副作用”开始显露出来了。

于是老师这样问她：“你确定孩子坐在书桌前就一定是在学习？”

她想都不想就回答老师：“书桌上除了书本和文具什么都没有，不学习他能做什么呀？”

老师一本正经地对她说：“小学高年级的孩子可不像小时候那样简单了！”这位家长还是疑惑重重。

这位老师明白，小学阶段知识的难度是有限的，如果孩子真的一回家就学习，即使学习方法不正确，出现“越学越后退”的现象也是极少见的，所以朋友说孩子“一回到家就学习”的说法很有可能是不成立的。

大约一周之后，家长打电话过来，有些不好意思地对老师说：“还真让你猜准了，这回我仔细观察了他几天，发现这孩子可真会‘伪装’，看着是坐在书桌前学习，但实际上他不知在想什么呢！书本只是他‘伪装’的工具。”

这时，家长焦急地问老师：“如何才能让孩子不反抗，心甘情愿地学习呢？”

伟大的文学家托尔斯泰曾说过：“成功的教育所需要的不是强制，而是激发孩子学习的欲望。”引导是一种教育艺术，更是一种教育智慧，它与强制有天壤之别，更不等同于目的性极强的命令，而是如和风细雨般拨动孩子的心弦，引起他们的情感共鸣与合作。

引导孩子学习，一位明智父亲的经验是这样的——在不知不觉中让孩子感受到知识的力量，激发他掌握知识的欲望。

一天，女儿感慨万分地对她的父亲说：“在中央电视台的主持人中，董卿是最有智慧的一个！”

“你知道她的智慧从哪里来吗？”父亲故作神秘地问女儿。女儿迷茫地摇摇头。于是，父亲找来一本《董卿自传》对女儿说：“我们的偶像说，她的智慧都来源于知识。你看，她自己说的，从小学到大学，她的成绩一直非常优秀，而且在上学期间还阅读了大量的书籍。”介绍完这些，父亲又深有感触地说：“要是我小时候早点意识到知识的力量，也像她这样努力学习，没准今天我也成主持人了。”

女儿吐了吐舌头，向父亲做了个鬼脸说：“老爸，你是没希望了，但我还有希望，我也要向她那样努力学习，争取成为第二个董卿！”

就这样，父女俩在讨论过一次有关董卿的话题后，孩子渴求知识的欲望更加强烈了一些。

所以，“强制”与“引导”的方法都能使孩子的思维变得活跃，但“强制”更多地使孩子思考这个问题：我如何伪装才会让父母认为我在学习；而“引导”却使孩子思考：通过什么方式我才能获取更多的知识呢？引导的力量是神奇的，它会使孩子爱上学习，从而主动去寻找获得知识的途径。案例中这位父母是非常明智的，小学阶段的孩子正处于“权威崇拜期”，在他们眼中，偶像就是“神”，偶像所说的话就是“圣旨”。因此，用偶像去引导孩子学习常常能达到事半功倍的效果。

让孩子深入了解偶像，与他一起分析偶像成功的秘密，这是引导孩子爱上学习的“妙招”之一。当然，如果孩子的偶像是明星、歌手也没有关系，每个人的成功都必须付出不同寻常的努力。了解偶像那种不同寻常的努力，孩子也会产生学习的动力。

家教智慧点拨

对于这些小学阶段的孩子来说，学习最忌讳的是强制，最欢迎的是引导。如果父母少些强制，多些引导，孩子不仅会心甘情愿地学习，还有可能会把学习当成一种乐趣。

孩子爱学习，爸爸妈妈要做出榜样

我们都知道，虽然小学阶段孩子的理性思维已经有了一定的发展，但他们的自控能力还是很差的。父母看电视不仅会分散孩子的注意力，还会引发他们的不平衡心理。大多数孩子都有这样的心理：“为什么我们小孩要写作业，而大人们却没有作业？”当这种不平衡心理发展到一定程度，就很容易转化为孩子对学习的仇视情绪。

有这样一个孩子：他对韩国电视剧以及各种项目的体育比赛很感兴趣，常被班里的同学称为“情感剧研究专家”和“体育赛事评论专家”，但对学习却提不起一点热情。老师曾试过用很多方法去调动他的学习积极性，但效果总是不明显。为了解开心中的疑问，也为了更好地激发他的学习热情，老师决定对他的家庭进行一次走访。

老师家访之后才真正明白，这个孩子之所以对学习没热情，与他所处的家庭环境有很大的关系：爸爸妈妈都是电视迷，爸爸迷体育比赛节目，妈妈迷韩国电视剧。他们家里每天晚上都会上演这样的“情景剧”：

打发孩子去学习之后，爸爸妈妈也准时地投入到“工作”中，爸爸在卧室里看球赛，妈妈在客厅里看电视剧。虽然两个人都把音量放到最低，但孩子总是跑出来问妈妈一句：“最后结果怎么样了？女主角是不是死了？”也会时不时地跑到爸爸的房间问：“哪个队赢了？球迷们反应如何？”

不仅如此，这两位父母平时与孩子聊天时，话题无非也就这两个：体育比赛、韩国电视剧。怪不得孩子在这两方面堪称“专家”，但对学习却没有热情呢！

孩子的成长需要榜样，在学习方面也是如此。父母要求孩子去学习，但自己却从不学习，这就如同喂孩子吃一颗苦药丸，即使他肯吃，也是不得已而为之。在这种情况下，孩子是不可能全神贯注、心服口服地坐在书桌前学习的；反之，如果父母与孩子一起去学习，这就如同分享一盒巧克力，往往不用父母催促，孩子就会主动学习。一位家长就给孩子做出了好的榜样：

孩子学习时，他总会在旁边拿着一本书看，并不时地在本子上写写算算。孩子问他：“爸爸，你在做什么呀？”

爸爸笑着对他说：“我在做作业呀！”

“你们也留作业吗？”孩子很奇怪。

“虽然没人给我留作业，但如果我不学习的话，就会被那些刚毕业的小伙子们比下去，到那时你老爸就会失业。所以，‘自己留作业自己做’，这是你老爸永远不落伍的‘秘密武器’！”

就这样，父子俩达成了这样一种默契：晚饭后准时坐在书桌前写作业。

很多父母都喜欢用多次重复学习的重要性来说服孩子学习，但不管父母摆出的理由有多充分，都不如给孩子做出榜样更具说服力。因为父母爱学习的行为本身就向孩子传达了这样一种信息：知识的力量是伟大的，它值得任何一个人倾注一生的时间去学习。上述父母“自己留作业自己做”的行为，实际上就是在告诉孩子，学习是让人们自我增值的一种“秘密武器”。这是对学习重要性的最有力证明，了解了学习这种神奇“威力”之后，即使与爸爸没有什么约定，孩子也会主动去学习。

家教智慧点拨

不管父母摆出什么理由说服孩子去学习，都不如给孩子做出榜样更具说服力。爱学习的行为本身就在向孩子传达这样一种信息：知识的力量是伟大的，它值得任何一个人倾注一生的时间去学习。

让学习变成“诱惑”，孩子就会学得好

孩子的学习愿望是否强烈，与学习在他们心目中的“形象”有很大的关系。如果在他们心目中，学习是充满诱惑性的、是非常令人期待的，不用父母提醒，他们也会怀着极大的热情去学习。

为什么很多孩子对学习都有一定的反感情绪？那是因为父母的“强制性”教育使学习变得“一文不值”，毫无诱惑性可言。为什么很多孩子迷恋网络游戏？除了好玩之外还有一个很大的因素，那就是父母的“限制”增强了网络游戏的诱惑性。

小学阶段孩子的好奇心是极强的，在好奇心的影响下，他们常常会产生这样一种心理：父母越是强迫他们去做一件事，他们就会觉得这件事很乏味；父母越是不允许他们去做的事情，他们反而会觉得很有趣，总想偷偷摸摸地去做。用最通俗的一句话描述孩子的这种心理就是，哪件事情能吊起他们的“胃口”，他们就会充满热情地、想方设法地去做这件事。

这也就是说，如果父母能够让学习变得充满“诱惑性”，能够成功吊起孩子学习的“胃口”，那孩子对待学习也会像迷恋网络游戏那样“义无反顾”。

从孩子刚上学起，运子爸爸就坚持这样一个教育原则：不强迫孩子去写作业，而是把作业变得充满诱惑性，引导她主动去写。例如，如果她不认真对待学习，

爸爸就故意剥夺她学习的权利，以增强学习在她心目中的神圣感。

一次，运子把作业写得歪歪扭扭，爸爸建议重写一遍，但却遭到了运子义正辞严的拒绝。

面对女儿的不合作行为，运子爸爸还是和颜悦色地对她说："既然你觉得写作业不是一件好事情，那从今天开始，你再也不用写作业了。"

女儿一下目瞪口呆了，傻傻地看着爸爸，运子爸爸一边收拾她的书本一边说："写作业本是一件好事情，它可以使你掌握的知识更加牢固，但你却总是用应付的态度对待它，所以，从现在开始，我要剥夺你写作业的权利！"

看爸爸不像在开玩笑，她一下慌了，下意识地去夺自己的作业本说："我要写作业，我要好好写作业！"

运子爸爸故意抬高作业本，不让她够到，并说："对待学习那样不认真，我已经剥夺你写作业的权利了，别写了！"

运子急得快要哭起来了，运子爸爸只得与她"谈判"，当她答应以后一定要认真对待作业时，爸爸才把写作业的权利还给她。

孩子天生是不反感学习的，相反，学习在他们心目中还有一种莫名的神圣感。就拿写作业来说，他们不喜欢写作业，总是用应付的态度对待作业，但他们了解不写作业会有什么样的后果。被老师批评，新学的那些知识掌握不了……如果父母真的剥夺了他们写作业的权利，他们肯定会表现出焦急的情绪。父母的这种做法会使孩子更加珍惜写作业的机会。

不管是对待作业还是其他学习任务，这些小学阶段的孩子总会出现态度不端正、应付了事的现象，这时，父母不妨用"剥夺他们权利"的方式来教育他们，这实际上也是吊他们学习胃口的一种好方法。

需要父母们注意的是，这一方法是有一定适用范围的，它只对那种"没有被弄坏学习胃口"的孩子适用。

孩子的学习就如一枝娇嫩的花朵，如果父母不懂得用养料滋养它，还常常用拔苗助长的手段摧残它，它很快就会凋谢、枯萎。这里的"养料"是指父母给孩子做出爱学习的榜样、用合适的方法去吊孩子的胃口，而不是用“拔苗助长的手段”逼迫孩子去学习。

家教智慧点拨

孩子天生是不反感学习的，相反，学习在他们心目中还有一种莫名的神圣感。父母学会吊孩子的“胃口”，实际上就是在增强学习在他们心中的神圣感。例如，有时父母可以假装“剥夺”孩子写作业、学习的权利，这会使孩子更加珍惜学习的机会。

敦促孩子把学过的知识讲一讲

如何检验孩子是否把所学知识都消化或吸收了？学校的老师是这样做的：大多数老师在正式讲课之前都会先提问几个问题，这样做的目的是为了考察孩子们对之前所学知识的掌握程度。这种方法老师们经常用，但在大多数情况下，有经验的老师会把它“改良”后再运用。他们不是让孩子们回答问题，而是拿出几分钟时间来，让他们把昨天所学的、记忆最深刻的知识讲一讲。因此，在正式讲课之前，有些老师会先让几个孩子轮流走上讲台给其他同学“讲课”。

通过“让孩子把学过的知识讲一讲”这种教学方法，可以达到三大目的：

第一，巩固之前所学的知识。孩子的知识量不必超群，但必须把所学的知识都牢固掌握。只有这样，整个学习生涯的“地基”才能既稳固又有质量保证。

让孩子把“所学的知识讲一讲”与牢固掌握知识之间有什么必然的联系吗？答案是肯定的。在平时的学习过程中，很多孩子总是自我感觉良好，但为什么每次考试成绩都不太理想呢？这是因为他们对知识的掌握经常处于一知半解的状态。让他们把所学的知识讲一讲，这实际上也是他们整理自己思路、再次学习的一个过程。当他们能把知识给别人讲通时，这才说明他们已经牢固掌握了这些知识。

第二，提升他们的学习积极性。大多数小学阶段的孩子对老师都怀有一种特殊的敬佩之情，他们常常希望自己也能够像老师那样具备渊博的知识、能够指导别人学习。而老师给他们机会把所学的知识讲一讲，就等于在满足他们的“老师瘾”。为了能把“老师”当得像模像样，孩子课上能不认真听课、课下能不主动复习吗？

第三，提升他们的自信心。对于小学阶段的孩子来说，走上讲台面对全班同学讲课是非常具有挑战性的事情，如此有挑战性的事情他们几乎每周都要尝试几次，长久如此，自信心自然就建立起来了。

所以，基于以上几点原因，不管是提升孩子学习成绩的方法，还是增强孩子学习积极性及自信心的方法，“让孩子把学过的知识讲一讲”是父母不错的选择。在一次家长会上，一位母亲兴奋地向大家传授经验：

刚开始时，我家孩子对学习的积极性一点都不高，我不催促他从不会主动写作业，而且作业写完后就再也不会碰课本了。我知道这样下去不是办法，于是便想出这样一个妙招帮他学习。我这样对他说：“最近妈妈要职称考试，我连小学阶段的内容都忘光了，这样吧，你每天像老师一样给我讲讲课、留留作业，没准我考试时就能考得好一些，你觉得怎么样？”

儿子兴奋不已，每天放学后第一件事就是拿出书本热情地给我讲课，而我则真的像小学生一样认真听讲、做作业等。没想到从这之后，孩子的“老师瘾”一发不可收拾，周末的时候，他还办起了“辅导班”，教楼下的几个正上幼儿园的孩子学习英语呢。

从学习积极性不高，到如饥似渴地听课并热情洋溢地为他人讲课，是什么原因促使孩子发生如此大的变化？每个孩子都渴望被他人欣赏，但他们所需要的欣赏并不是那些泛泛的表扬或夸奖，而是自己有所付出之后所得到的收获。

向孩子请教问题、听孩子讲讲课……这些都是父母欣赏孩子、激发孩子成就感的好办法。上面那位母亲的做法就非常值得父母们学习，找一个合适的理由让孩子教自己学习，这不仅可以使孩子进一步巩固所学的知识，还能极大程度地激发孩子的成就感，让孩子对学习充满热情。

当然，让孩子把所有的知识都讲一遍不现实，但父母可以有针对性地引导孩子讲课。例如：孩子的语文成绩不太好，父母就可以这样对他们说：“有几个形近字我总是分不清楚，你来教我区分一下吧！”如果孩子不太擅长做某类数学题，父母可以这样讲：“今天一位同事问我这类题目怎么做，我也不会，你给我讲一讲这类题目的解题思路吧。”如果孩子对英语这一科目的学习很没信心，父母可以这样讲：“所有的英语内容我都忘光了，看来要从‘ABC’学起了，我现在正式拜你为师，你来教我学英语吧！”

家教智慧点拨

孩子所学的知识不能完全掌握怎么办？孩子对学习没有积极性怎么办？孩子对自己没有信心怎么办？这些问题都可以用一个方法来解决，那就是让孩子当“小老师”，把所学的内容讲一讲。

考前复习时，帮助孩子梳理知识

匀匀即将要迎来期中考试，周末的时候，匀匀妈陪着匀匀一起复习功课。匀匀妈先吩咐匀匀复习数学，一会儿妈妈再来检查复习的情况。一上午过去了，匀匀妈拿着匀匀的数学课本开始抽查匀匀的复习情况。匀匀妈向匀匀发问：“匀匀，上半学期数学学了哪些知识点？”匀匀一脸惊讶：“什么叫做知识点？”匀匀妈觉得自己说得有点专业，换了一种说法：“就是学到了些什么？”匀匀眨着眼睛：“我哪记得这么多，我以为妈妈会出一些题目考我呢。”匀匀妈一愣，心想：这小家伙连知识都没有梳理好，复习全是乱糟糟的，这根本不利于记忆。匀匀妈想了想，趁着中午休息的时间梳理了数学知识，又把所学过的语文、英语知识做了归纳。

下午，匀匀妈拿着整理好的知识点讲解着：“这是妈妈给你整理出来的知识点，这样可以加强记忆，帮助你把学过的知识掌握得更加牢固。”只见数学知识是“数一数，乘法，乘法口诀，观察物体”，语文知识则是几十个汉字、词语，还有两首古诗，英语是学过的简单单词，看起来一目了然。匀匀搂着妈妈：“妈妈，你真厉害，这可都是我学过的，你一下子就写出来了。”匀匀妈耐心地解释给匀匀听：“如果你在复习的时候也像这样记忆，你也能轻松地写出来。”匀匀感到很惊讶：“可是，你说的什么知识点就是这样吗？”匀匀妈笑着说：“是啊，是梳理出来的知识点，就像是你存钱罐里存的钱，硬币放在一起，零钱放在一起，整十整百的放在一起，这样你数钱的时候就方便多了。我这样帮你把知识点梳理出来，你复习的时候就方便多了。”“哦，原来是这样。”匀匀恍然大悟，开始拿着妈妈梳理出来的知识点一个一个地复习，匀匀妈则在旁边监督指导。

进入小学阶段，孩子开始学习较为系统的知识，可是对于孩子来说，那些知识还是显得有点凌乱，尤其是遇到即将考试的时候，孩子根本找不到复习的方向，也说不上自己这学期到底学了些什么知识。由于孩子自主学习能力比较差，也没有独自归纳知识的能力，因而就需要父母帮助孩子梳理知识，使知识形成有系统、有条理的框架，便于孩子复习学过的知识，或者让孩子慢慢学习如何来梳理知识，提高自主学习的能力。

1. 梳理出知识体系，改变学习方法

父母帮助孩子梳理知识体系，可以把孩子即将要学的课程以知识框架的形式排列，再将学习的过程以及各个环节的知识点加以强调，使孩子有一个明确的学习方向。父母在辅导孩子学习的过程中，将题目分解开了，分几个部分提问，鼓励孩子多思考，详细说明从已知到未知的过程，使孩子觉得自己独立思考慢慢也能解决。大多数父母都会辅导孩子的学习，但实际上，辅导其学习不如教会孩子学习的方法以及培养其能力，父母帮助孩子梳理出知识体系，可以有效地改变孩子的学习方式，提高孩子的学习能力，也让孩子养成独立思考问题的习惯，这对于孩子以后的学习也有着很大的帮助。

2. 帮助孩子梳理知识，抓住复习的重点

临近考试的时候，父母和孩子都会有一定程度的紧张感，都希望考个好成绩。但是，要想取得好的成绩就必须有良好的复习方法，若只是盲目复习，学过的知识就犹如一盘散沙，孩子没有自己归纳知识的能力就抓不住重点，最终达不到预期的效果。所以，父母应该帮助孩子梳理知识，抓住复习的重点，在考试中取得优异的成绩。

3. 注重基础知识的积累

在复习中，基础知识不容忽视，父母应该帮助孩子梳理各科知识点，理清知识间的内在联系很有必要，还要善于在知识点中找出侧重点。比如，数学里的乘法是基础，也是考试的必考部分，应该侧重复习；英语中应该注重简单单词的记忆，这也是考试中的重点；语文把重点放在字词方面，提升字、词、句的综合运用能力。到了小学一二年级，也要让孩子逐渐养成看书的好习惯，增加新的词汇，这对于以后的写作也会有很大的帮助。

家教智慧点拨

整个知识体系脉络，一方面可以加强孩子对各部分知识的记忆，另一方面，他也不会恐惧即将到来的考试，在一定程度上缓解了心中的紧张压力。

好学生“快乐第一，学习第二”

小学阶段，很多孩子对学习持有很大的热情，每当听老师讲课时，他们都快乐地睁大眼睛，聚精会神地听，生怕漏掉一条有用的信息；但有些孩子却视学习如仇敌，每当老师留作业时，他们都会皱着眉头嘟囔：“怎么又留作业呀！老师，少留点吧！”

同样是刚刚接触学习的孩子，为什么他们对待学习的态度却会如此不同呢？其实，最根本的原因来自父母。

课堂上，两个一年级的男孩捣乱，老师严肃而不失亲切地批评了他们，直到放学之前，他们还闷闷不乐。放学了，家长来接他们回家，其中一位家长见到儿子就一本正经地问：“今天学的什么内容呀？都学会了吗？有没有听老师的话呀？”男孩撅着嘴，神情沮丧地说：“学习很烦，学校不好玩，我明天不想来上学了！”家长抱怨着责怪儿子：“怎么能不上学呢？你这孩子，就知道玩！”

另一个男孩的家长这样问他：“儿子，今天在学校开心吗？有什么好玩的事情吗？”男孩的“话匣子”被家长的这几个问题打开了：“你不知道，上课的时候，我前面的那个同学……”男孩兴致勃勃地讲着，好像早已忘记了自己挨批评这回事。

父母两种不同的表现，体现的是两种截然不同的教育观念：第一位家长关注点是孩子的学习情况，第二位家长关注的却是孩子的心情，孩子在学校过得是否开心。这两种完全不同的教育观念对孩子所产生的影响也是截然不同的：一个使孩子厌烦学习和学校；一个把孩子的关注点引到那些有意思的事情上来，使他们越来越喜欢学校。

对于这些小学阶段的孩子来说，由于刚刚进入学校不久，他们经常会出现诸多的不适应，如在课堂上坐不住，因忽视纪律被老师批评——这些都是他们适应学校学习的障碍。在这种情况下，如果父母还总是追问他们的学习情况，这很容易使孩子对学校和学习产生厌烦心理。但从另一个角度来讲，学校生活对于这些小学阶段的孩子来说也是充满新鲜感的，他们在学校也会发现很多与众不同的快乐，所以，如果父母经常有意引导孩子回忆在学校的那些快乐事儿，这些点点滴滴的快乐很有可能就会成为他们爱上学校和学习的理由。

所以，为了使孩子爱上学习和学校，父母就应该经常这样问他们：“今天在学校有什么开心事？”而不是问：“今天在学校学了什么？学会了吗？”另外，这些小学阶段的孩子之所以对学习不积极、厌烦学习，与父母故意“恶化”学习的形象也有很大的关系。相信每一位父母对这样的教育语言都不陌生：“别玩了，快点去学习，再不学习，考试时考倒数第一名，多丢人呀！”“你今天再不好好学习，将来只能去扫大街了！”

小学阶段孩子的理性思维能力还没有父母想象得那样发达，在很多时候他们都搞不清楚现在学习与将来的考试以及将来的职业之间的关系。因此，父母这种教育方式不但不会起到激发孩子学习积极性的作用，还常常会使孩子产生莫名的烦躁和厌烦。

实际上，这就是在“恶化”学习在孩子心目中的形象，父母们的这种做法其实是在向孩子传达这样一种信息：学习是一件“不得已而为之”的事情。在这种信息的影响下，学习在孩子心目中的形象很快就会与这些消极的词语挂上钩：无聊、困难、枯燥……在这种情况下，孩子自然对学习提不起兴趣。

小学阶段，还有比学习更重要的事情，那就是快乐。一个在小学初级阶段成绩不好的孩子，也许到了三四年级成绩就会突飞猛进；但一个在小学阶段一直都感受不到快乐的孩子，他对学习将不会有积极性。爱玩是孩子的天性，享受快乐是孩子的特权，只有在快乐中，孩子才会踏下心来认真地去做事情；也只有感受到了快乐，孩子才有做好一切事情的信心和积极性。

父母们，请一定要谨记，对于小学阶段的孩子来说，学习并没有你想象的那样重要，与学习相比，快乐才是最重要的！所以，不管你的孩子处于小学的哪个阶段，都请不要再继续“恶化”学习在他们心目中的形象了。

家教智慧点拨

如果孩子现在成绩并不出众，但每天都很快乐，不把学习当成沉重的负担，那这种快乐就会转化为孩子将来积极学习的推动力。

孩子对学习“上瘾”，家教就会很省心

大街上，一个刚上小学的男孩拉着妈妈的手一边向前走，一边兴奋地问妈妈：“妈妈，这个店铺的名字怎么读呀？是什么意思呀？”

“这几个字是‘旺财副食’，‘副食’就是指油盐酱醋、小零食等副食品。‘旺财’就是兴旺发财的意思，也许老板是希望这个小店能使自己兴旺发财吧。”妈妈耐心地给儿子解释着。

“真好玩！妈妈，前面那个店铺的名字又是什么意思呢？”男孩边着急地拉着妈妈向前走，边愉快地问道。

看到这个场景，我们不妨思考这样一个问题：如果孩子都把学习当成一件好玩的事情，那还用父母催促着他们去学习吗？就像案例中的这种情况，在小学阶段，所有的孩子都要面临一个“识字关”，如果孩子们都像案例中的这个男孩一样，把识字当成非常好玩的一件事情，那他们还会遇到生字就皱眉头吗？

答案当然是否定的。但问题是，成人应该如何做，才能使孩子把学习当成一件有意思的事情呢？就拿教孩子们识字来说，不要干巴巴地告诉他们这个字读什么，是什么意思，而是通过各种各样的形式教他们识字。

在识字课上，一位老师就给学生出了这样一个谜语：两个小孩在土堆上背靠背，打一字。接着，又找了两个孩子到讲台上来表演，这样，孩子们的积极性被极大地调动起来了。他们有的托着下巴冥思苦想，有的拿出笔在纸上不停地画，有的则与旁边的同学小声地讨论……最后，老师是这样揭晓谜底的：“这个字就是今天我们将要学到的一个生字——‘坐’，你们看，两个‘人’字在一个‘土’字上面就组成了一个‘坐’字。”

同学们欢呼了起来，接着他们又催促老师说：“老师，再学个生字，再出个谜语吧？”

在小学阶段，孩子要学的生字还有很多，但下一个生字可能是以谜语的形式出现，也可能是以小故事的形式出现，也可能是以悬念的形式出现……总之，教孩子识字，要让孩子们体验到新鲜感，总会让他们觉得学习是一件非常有意思的事情。

对于小学阶段的孩子来说，“学习很枯燥”和“学习很有趣”是两种完全不同的体验，同时，这也会促使孩子产生两种截然不同的学习倾向：前者使孩子讨厌学习，甚至产生厌学情绪；后者使孩子喜欢学习，乐于学习。

“学习真好玩”，如果这句话能够从小学阶段孩子的嘴中说出来，这说明他们已经适应了小学生活，并找到了学习的感觉。同时，这也是他们对学习产生了很大兴趣的一种表现。

除了让孩子觉得学习“好玩”之外，父母还应该让他们意识到，学习其实并不难，并想办法让孩子对学习“上瘾”。

1. 协助孩子及时解决学习中的问题，让他觉得“学习并不难”

不管对于哪个年龄段的孩子来说，学习的道路都不是一帆风顺的。小学阶段的孩子之所以会把学习当成苦差事，在很多时候正是因为他们在学习中遇到的困难没能及时得到解决。

小学阶段的知识虽然简单，但它们之间也是有很强的连贯性的。更重要的是，孩子的学习并不仅仅是简单的知识积累，更是能力的积累。一个在一年级没有学好拼音的孩子，到了二年级不会用拼音法查字典是正常的，不仅如此，在日后的学习过程中，他还会遇到很多困难，如经常把音近、形近字弄混淆；普通话不标准……在重重困难的阻挡下，孩子很自然就会觉得学习是一件苦差事。

所以，要使孩子的学习道路一帆风顺，要使孩子正确地看待学习，父母就要及时协助他们解决学习中所遇到的困难。

2. 展示学习成果，使孩子对学习“上瘾”

其实，在家庭中，父母也可以制造机会让孩子“露一手”，展示他们在学习方面的成果。如果孩子不知道如何展示，父母可以这样引导他们：

“小时候你读书只会读那些有注音的故事书，现在没有注音的书你也能读懂了！”

“你的数学作业曾多次得过‘双星’呢！”

“你不记得了吗，你曾经自己攻克过一道非常难的数学题！”

这些有关学习的美好回忆都能使孩子体会到成就感，从而使他们对学习越来越“上瘾”。

家教智慧点拨

让孩子对学习“上瘾”有这样几种方法：把学习变一变形式。例如，用猜谜语、讲故事的方式让孩子学习生字；协助他及时解决学习中的困难，让他感觉学习其实并不难。

父母必须是一个“教辅书专家”

小学阶段的孩子需要读教辅书吗？对此，很多人的观点存在很大分歧，但总体来说，这些观点可以简单归纳为两大派：支持派和反对派。

支持派的人提倡小学阶段的孩子读一些教辅书，他们的理由是，教辅书不但可以扩充知识面，还能巩固所学的知识，而且还会使孩子养成主动学习的好习惯；

反对派的人不提倡小学阶段的孩子读教辅书，他们认为读教辅书不但会增加孩子的学习负担，还会破坏孩子的学习兴趣。

小学阶段的孩子到底该不该读教辅书呢？

刚刚从事教学工作的时候，李老师对这样一种现象非常不理解：每当下课之后，同学们就会趴倒一片，预备铃已经打过，他们好像仍然还处在酣睡的状态不肯起来；即使是上课期间，很多同学也常常哈欠连天，提不起一点精神。

小学阶段的孩子正处在爱玩爱闹的年龄，为什么这些孩子如此缺少活力呢？难道是作业太多导致他们睡眠时间不够？于是李老师开始有意识地减少留作业的量。但即便如此，孩子们的这一现状仍然没有改善。

李老师不得不去调查真正原因。李老师让所有的孩子写出自己的作息时间，以及晚上的主要活动。李老师终于找到了致使孩子活力丧失的“罪魁祸首”——教辅书。

大多数父母都是这样想的：多做一本教辅书，孩子所学的知识就会更加牢固一些、所掌握的题型就会更加全面一点，孩子对自己的学习就会更加有信心。但问题的关键是，如果孩子因为缺少睡眠而上课提不起精神，或者因为要做的教辅书太多而对学习产生了反感，那父母的做法就因小失大、得不偿失了。

“每天晚上我都要做三个不同版本的教辅书，做得我头都大了，更要命的是，第二天上课时我困得要命，一点精神都没有！”

“教辅书把我的学习和生活完全打乱了，我恨那些发明教辅书的人！”

“有些教辅书中的题非常难，连老师都得想半天，我觉得我做这些教辅书就是在浪费时间！”

——这些就是孩子对教辅书的抱怨！

因此，对于“小学阶段的孩子要不要读教辅书”这一问题，我们认为，教辅书要读，但一定要适量，而且要选对书。理由主要有以下三点：

首先，做适量的教辅书确实可以巩固孩子所学的知识，增强孩子学习的自信心。其次，如果教辅书选对了，孩子的解题思路会开阔，所掌握的题型也会越来越多。最后，在小学阶段，孩子的时间相当充裕，如果不做教辅书，他们就会把这些时间花在电视和网络上。与其让孩子把时间浪费在那些无聊的电视节目和网络内容上，还不如引导他多做几道题。教辅书要做，但绝不能因为做教辅书而影响了孩子正常的学习，或者使他们对学习失去兴趣。

适量的教辅书就像一道美味，不但会使孩子胃口大开，还能为孩子的成长增加营养。但如果美味太多，不仅会坏了孩子的胃口，还会引发很多营养过剩症。

所以，在引导孩子做教辅书方面，父母还有一项重要任务，那就是做“教辅书专家”。一般来讲，“教辅书专家”要在以下两个方面给予孩子正确的指引：

1. 根据学习情况帮孩子挑选教辅书

书店中名目繁多的教辅书，应该选哪一种呢？在很多时候，大多数孩子都是没有目标的，往往别人选择哪种，他们就盲目地跟风。适合别人的不一定适合你的孩子。只有适合孩子的教辅书，才是最有价值的教辅书。所以，在教辅书的选择方面，孩子需要父母的帮助。

什么样的教辅书才是最适合孩子的？父母应该如何帮助孩子选择？

忠忠妈为孩子选择教辅书有自己的标准，那就是根据孩子的学习情况来选择。孩子刚上三年级那会，由于他不懂得运用学习方法，所以学习有些吃力，仅仅课本知识每天晚上都会“啃”很长时间。这段时间，忠忠妈的主要精力是教他运用学习方法。至于课外书，忠忠妈给孩子选择的是最简单的那种。忠忠到了五六年级，由于已经掌握了科学的学习方法，所以他学习起来已经得心应手了。这时，忠忠妈给他选择的是那种有些难度的教辅书，并对忠忠说：“你不必把这本书中的题目都做完，每天挑一两道做即可，他会给你提供一种全新的解题思路。”

在小学阶段，教辅书主要分为两大类：一类是内容简单的教辅书，它的主要作用是巩固基础知识；二是有些难度的教辅书，它的主要作用是锻炼思维，开阔解题思路。当孩子学习课本内容都非常吃力时，父母还让他们做有难度的教辅书，这不但不会对学习起到帮助作用，还会使他们对学习失去信心；当孩子学习起来已经得心应手时，如果父母还强迫他们做内容非常简单的教辅书，这对他们的学习所起的帮助作用也非常有限。所以，根据孩子的学习情况选择教辅书，这是一条既科学又切实可行的重要标准。

2. 先复习，后做作业，最后做教辅书

很多父母都有这样一个问题：“晚上孩子要做作业、复习，还要做教辅书，让他先做哪一个比较好呢？”在大多数父母眼中，这是一个无所谓的问题，但对于孩子来说，这却是非常重要的一个问题。如果这几者之间的先后顺序安排得不合理，这不仅会影响孩子的学习效率，还会使孩子失去学习的主动性。

有个孩子每次的作业都有很明显的应付痕迹：不但字写得潦草，而且还错题连篇。有一次，老师觉得应该纠正他这种不认真的学习态度了，于是把他叫到办公室问他：“你每天做作业用多少时间呀？”

“半个小时。”孩子答道。

本来需要做一个小时的作业，在半个小时内就应付完，怪不得他的作业错题连篇呢！老师问他：“那晚上剩下的时间都用来干什么呢？”

“做教辅书呀，每天晚上我爸都盯着我做。”“教辅书上的题你都会做吗？”

他沮丧地说：“不会做，作业中的题目我都不会做，教辅书上的题目就更别提了。”

“既然作业中的题目都不会做，为什么不复习一下白天所学的内容呢？”

“我爸没让我复习，就让我做教辅书上的题。”

老师终于明白这个孩子学习没有主动性、成绩得不到提升的原因了。是父母错误的安排破坏了孩子的学习兴趣，降低了孩子的学习效率。课本上最基础的知识都没有掌握，孩子做作业时能顺利得了吗？在基础知识没有掌握的情况下，做再多的教辅书，孩子的成绩会有起色吗？长期如此，孩子对学习还会有积极性吗？

所以，做作业、复习、做教辅书这三者之间的关系安排得是否合理，往往决定着孩子的整个学习生涯。所以，最合理的安排是这样的：复习、做作业、做教辅书。由于上课时常常坐不住，这些小学阶段的孩子不可能把课堂所学的知识都记住、消化掉，所以，回家后的复习是非常有必要的。另外，只有先进行复习这个环节，剩下两个环节的任务才能顺利完成：通过复习把基础知识掌握了，写作业才会更加顺利；掌握了基础知识，做教辅书才能起到锻炼思维、开阔思路的目的。

家教智慧点拨

要想让教辅书的作用最大程度地发挥出来，父母一定要引导孩子安排好做教辅书与复习、做作业之间的关系。宁可作业做不完，也不能不复习；宁可不做教辅书，也要保质保量地完成作业；宁可少睡10分钟，也要把教辅书上的题目做一做。

一好都会好，数学是成绩的“车头”

在一次家长座谈会上，有位专家花费了大量的时间和口舌来向父母们讲述一个问题——一定要让孩子在小学阶段学好数学。

很多人对那位专家的这一观点非常不理解，数学、语文、英语哪一科目学不好，孩子的总体成绩都会受到影响，为什么非要把数学单提出来讲呢？

为了解答父母的疑问，这位专家说：“不管是在小学阶段，还是初高中阶段，数学成绩都是‘火车头’，火车头跑得快，其他学科以及总体成绩才会快速提升。”为什么数学成绩是火车头呢？根据专家的讲述，我们把原因归纳为这样两点：

第一，数学训练的是孩子的逻辑思维，而现在的中小学教育，数理化这几个科目考察的都是孩子的逻辑思维；语文、历史等文科科目所考察的无非也是逻辑思维与记忆力。所以，从小学阶段就让孩子学好数学，也就等于在训练孩子的逻辑思维能力。孩子的逻辑思维能力强了，物理、化学、作文、历史等科目也就一通百通了。

第二，从小升初的角度来讲，虽然现在的小升初已经取消考试，但很多重点初中仍然非常看重孩子的数学成绩，还常常以开办奥数辅导班的名义网罗优秀生源。所以，数学成绩好，孩子升入重点学校、重点班的几率就大大提升。那在小学阶段，如何让孩子学好数学呢？

1. 多让孩子做数学趣味题

一次在书店买书，李爸爸在等待结账排队的时候，与排在旁边的一位家长聊天。看到他的购物篮放着三本相同的数学趣味课外书，李爸爸非常不理解，这位家长笑着对李爸爸说：“我家孩子、姐姐家孩子、哥哥家的孩子都是小学生，每人送一本，让他们琢磨去吧，偶尔还能交流心得呢！”

能说出这样的话，他肯定是一位非常有经验的家长。于是李爸爸这样问他：“让孩子琢磨这些数学趣味题有什么好处呢？”

没想到这一句话把这位家长分享教育经验的欲望勾起来了，他滔滔不绝地向李爸爸讲述着：“让孩子经常做数学趣味题，主要好处有两个：一是激发孩子的数学兴趣。每当别人问我家孩子最喜欢哪一科目时，他都会张口就出：‘喜欢数学。’这与他小时候琢磨的那些数学趣味题有直接的关系。因为感兴趣，他一上数学课就聚精会神，听老师说，他是班上听数学课最认真的孩子；因为感兴趣，他的数学成绩次次考第一。第二大好处就是锻炼孩子的逻辑思维能力。在一般人看来，这些数学趣味题都是怪怪的，但它对孩子的思维能力锻炼所起的作用却是非常明显的。别人都夸我家孩子脑子快、头脑灵活，为什么呀？还是这些趣味题的功劳。用我家孩子的话说就是：‘正是因为这样的趣味题做得多了，在思考问题时，我能正着想，也能反着想，还能转着弯想呢！’”

我们不得不佩服这位明智的家长！让孩子爱上数学、学好数学，做数学趣味题确实是一个非常好的途径。小学阶段，大多数孩子还没有形成具体的兴趣和爱好，往往是父母引导他们接触什么，他们就会喜欢上什么。那些数学趣味题很有意思，恰恰符合小学生喜欢新奇事物的“胃口”。所以，不管你的孩子是即将进入小学，还是已经在小学就读，父母都不妨买一本数学趣味书与孩子一起琢磨。

2. 给孩子报个奥数班

不管是从小升初的角度考虑，还是从让孩子学好数学的角度考虑，从小学中年级开始，父母都应该给孩子报个奥数班。一个顺利考入名牌大学的孩子这样回忆自己小学时的经历：

我觉得我之所以能以优异的成绩考入名牌大学，与我三年级时参加的奥数班有直接关系。刚开始，我觉得奥数班的那些解题方法非常古怪，而且非常难，我有点适应不了。但经过一段时间的训练之后，我忽然觉得自己变聪明了，开始喜欢上了那些稀奇古怪的思维方式和解题方法。

上了初中之后，周围的大人都在说，女孩适合学文科，学不好数学，但我的数学成绩在班上却一直高高在上。老师和同学都说我是学数学的料，我自己也越发觉得数学是我的强项，我有学习的天赋。就这样，在这种积极的暗示下，不仅我的数学成绩名列前茅，其他任何一门学科的成绩都不比其他同学差。

掌握了这种数学思维，孩子不仅任何难题都不怕，还会觉得自己越来越聪明。就像上述那个孩子所讲的，因为这种聪明的暗示，孩子不仅对数学这一学科越学越有劲，对所有科目的学习都会充满热情。

家教智慧点拨

父母可以用以下两种方法帮助孩子提升数学成绩：让孩子多做数学趣味题。到了小学中年级，给他报个数学班。数学班的学习不但会系统地向孩子灌输一种数学思维，还会使孩子感觉自己越来越聪明，从而增强他们的学习自信心。

第八辑

让孩子学会自我保护，孩子的健康需要父母呵护

父母要想孩子安全地成长，最重要的还是教孩子学会保护自己，自觉树立安全意识，教会孩子自我保护的方法，让孩子懂得自我保护，这样的安全教育才能够达到理想的效果，孩子也才会安全健康地成长。

让孩子明白讲卫生的重要性

几乎所有的孩子只要一玩起来就会把自己弄得脏兮兮的，让孩子讲卫生根本就是一件很困难的事情。许多父母都会抱怨家里的那只“小脏猫”：伸出乌黑的小手拿过一块饼干就啃了起来；穿着刚蹭上泥的脏裤子就一屁股坐在了床上；袖口就是他永远的鼻涕纸。

朝朝妈有点轻微的洁癖，每天早上都把家里收拾得干干净净、整整齐齐才出门，甚至她不允许在地板上看见一根头发。而她对孩子朝朝在卫生方面也是严格要求的，她经常会在家里念叨：“朝朝，你怎么把脏袜子放在枕头下面，会感染细菌的”，“朝朝，吃苹果之前洗手没有”，“朝朝，快把身上的脏衣服换下来”。在妈妈的督促下，朝朝几乎都是一两天就换一次衣服，每天洗澡，保持自己身上干干净净。可是，一旦朝朝脱离了妈妈的视线，他就像脱了僵的野马，浑身脏兮兮的，连朝朝爸见了都忍不住惊叹，妈妈更是异常生气：“朝朝，妈妈并不是免费的洗衣机，以后在外面玩耍时要注意卫生。”为了让朝朝养成讲卫生的好习惯，朝朝妈偶尔会让朝朝自己洗袜子，让他看看脏袜子有多脏。在朝朝妈的严厉监督下，朝朝改掉了许多坏习惯，但似乎他还是没有意识到卫生的重要性。

有一天放学回来，朝朝直捂着肚子喊痛，朝朝妈慌忙把他送进了医院，经过医生检查是吃了不干净的食物。听着医生的诊断，朝朝心虚地低下了头。回到家，朝朝妈问朝朝：“今天在学校吃了什么？”“吃了同学从老家带来的野果子。”朝朝头也不敢抬地说。“那果子洗了没有？”朝朝摇了摇头。“洗手没有？”朝朝迟疑了一会，摇了摇头。朝朝妈克制住自己的情绪，说道：“朝朝，妈妈平时让你讲卫生，是为了你的身体健康，你看，你不听妈妈的话，现在知道教训了吧。”朝朝点点头，向妈妈说道：“妈妈，我知道了，以前我没有意识到讲卫生的重要性,现在我知道了。”朝朝对着妈妈做了个鬼脸,顺手就拿起苹果准备吃,可看着妈妈的眼神,他赶紧缩回了手,拿着苹果去厨房冲洗。

父母虽然知道孩子有好奇心、创造力和探索勇气,但孩子为了从生活中学习就一定要以不讲卫生为代价吗?父母看着整天脏兮兮的“小脏猫”开始犯愁了,如何教会孩子讲卫生呢?怎么样让孩子明白讲卫生的重要性呢?

孩子天资聪明,他们有着较强的模仿能力,一旦父母在生活中给孩子做示范,孩子就会在不经意间学习,父母再适当地加以引导,就能使孩子轻松养成良好的习惯了。

1. 创造一个卫生的家庭环境

有的孩子不讲卫生,其根源就来自于父母的不良习惯,父母不讲卫生,家里常常是一片狼藉。因此,为了孩子的健康成长,父母有必要改掉自己不讲卫生的习惯,积极创造出一个卫生的家庭环境。长期生活在一个干净整洁的环境,孩子就能明白讲卫生的重要性,并养成自觉爱护卫生环境的良好习惯。

2. 让孩子明白讲卫生的重要性

许多父母通过“逼”或“催”的方式来让孩子讲卫生,最终孩子却并没有真正地理解讲卫生的重要性,就难以培养出讲卫生的好习惯。父母可以告诉孩子不讲卫生的害处,或者让孩子自己回想不讲卫生引发的不良后果。比如,父母可以带着孩子观察显微镜下的细菌,给孩子留下深刻的印象,许多食物里藏了那么多的细菌,万一吃进了肚子,细菌会给身体带来许多疾病。父母要让孩子明白,养成讲卫生的习惯,不仅是为了自己,也是为了家人,更是为了身边的每一个人,让孩子意识到讲卫生的重要性。

3. 让孩子注意细节卫生

许多孩子身上是干干净净的,可是,脱了鞋子,那臭袜子的气味让身边的人都不敢接近他,这样的场景是多么尴尬。父母要想孩子能真真正正地讲卫生,许多细节就不要忽视,比如修剪指甲、身边常备纸巾、耳根也要注意清洁等。父母要让孩子明白,一个真正讲卫生的人,会注重许多细节的，逐渐让孩子注意自己身上的细节卫生。

家教智慧点拨

在日常生活中，家人能够做到处处讲卫生，并保持干净的生活环境，通过父母的言传身教，必然会培养孩子讲卫生的好习惯。

孩子坐姿不正确怎么办

一位家长曾这样抱怨：我们家孩子，刚上小学四年级就戴上了400度的眼镜，即使这样，每天还趴书桌上写作业呢。为此，我给她买了背背佳，刚开始时觉得新鲜，每天都能坚持穿。可是没过几天，新鲜劲儿过了，说什么都不穿了。我看到不了上大学，眼镜就能瓶底那么厚。这可怎么办呢？

父母的这种担忧不是没有必要，现在，越来越多的孩子依赖上了眼镜。这是为什么呢？也许父母们早已从孩子学习时的坐姿上找到了答案：孩子要么总是“贴”在书桌上写作业；要么总是侧着身子，一只手写字，一只手撑住脑袋……是的，这些都是错误的坐姿，也是导致孩子戴上眼镜的“罪魁祸首”。在小学阶段，孩子骨骼正处于发育阶段，有很大的柔韧性，但同时也非常容易定型。如果孩子在读书写字时坐姿不正确，久而久之，很有可能造成骨骼变形，出现驼背或肌肉疲劳等症状，而且还会影响到他们的体型美。

那么，父母应该如何纠正孩子错误的坐姿呢？一位家长是这样做的：

在孩子的书桌前，我挂上了一个牌子，上面写着“请坐正坐直”几个大字。看到孩子坐姿不正确时，就会走到他身边，拍拍他的后背，然后指指牌子，在得到这样的暗示后，他就会坐直了。

就这样，拍一拍让孩子坐直，拍一拍让孩子坐直。大概半个月之后，孩子就能主动坐正坐直了。

这位家长的做法为什么会奏效呢？儿童心理学研究表明，只有同时受到动觉和视觉刺激，某种行为才会转化为孩子的习惯性行为。上述这位家长的做法实际上是从动觉和视觉两方面给予孩子刺激，“拍后背”是动觉刺激，“指牌子”是视觉刺激，提醒的次数多了，孩子就很容易接受坐正坐直的“指示”，从而使坐正坐直这一行为转化为习惯性的行为。

然而，在现实生活中，纠正孩子错误的坐姿，大多数父母都是这样做的，一味地指责孩子：“坐好了，不要坐没坐相，站没站相，说你多少遍了，怎么就是改不了？”但这种“说教批评式”的方法却很少会起效果。为什么呢？

首先，父母对孩子说教的次数多了，孩子不但会习以为常，忽视父母所说的内容，还会对父母产生厌烦情绪，在这种状态下，孩子仍然会我行我素。

其次，父母总是批评孩子“坐歪了”，“坐没坐相，站没站相”，这实际上就是给孩子一种负面的刺激，即使孩子当时纠正了坐姿，但时间久了，在那些负面刺激的影响下，他们又会不由自主地恢复之前错误的坐姿。

但如果父母有意识地给孩子正面的刺激，如提醒孩子“坐直了”、“坐正了”，当这种正面的刺激深入他们的内心时，他们很容易就会习惯性地保持正确的坐姿。

家教智慧点拨

纠正孩子错误的坐姿，父母可以运用这样两种方法：摒弃负面刺激，多给予孩子正面刺激。不要批评“坐歪了”，而是提醒孩子“坐正坐直”。

让孩子走出家门爱上运动

父母要想孩子安全地成长，最重要的不是让孩子远离危险，而是教会孩子如何保护自己，自觉树立安全意识。

东东家所在的小区夏天开放了游泳池，整天听着水池里传出来的欢笑声，东东也心里痒痒的，特别是看着同龄的孩子在水里嬉戏，东东的心好像也跟着去了。可是，东东爸担心有危险，从来都不让东东去游泳池玩，即便东东再三要求，东东爸也不肯让他去。有一天晚上，一家人坐在客厅看电视，正看到电视上报新闻：某个地方，有个孩子因为不会游泳，不幸被淹死了。东东妈看了新闻，对东东爸说;“这样光让孩子闷在家里也不是个办法，还不如教会孩子游泳，让他掌握一些安全知识。”东东爸点点头，他也意识到了要帮助孩子学会游泳，还需要让孩子掌握基本的自救常识。

于是，在周末休息的时候，东东爸亲自带着东东去了小区里的游泳池，手把手地教东东游泳，东东妈则在旁边关注着这两父子。等东东掌握了基本的游泳技巧，东东爸又给东东讲了一些如何应付水中的突发情况的方法。在爸爸的帮助下，东东很快就学会了游泳，过了一段时间，他就可以和伙伴们一起在游泳池中玩耍了，而且在安全问题上也从来没有出现过差错。不仅如此，小区里其他的父母还称赞东东很懂事、很会照顾小朋友，原来东东在游泳池里将爸爸所讲的安全知识运用起来，照顾那些年龄较小的弟弟妹妹们。看着东东这样的表现，东东爸也抛开了以前那种教育方式，经常领着东东出门，参加一些体育运动，不仅教会他如何去运动，而且还教给了东东一些安全常识。东东在爸爸的教育方式下爱上了运动，经过一段时间的锻炼，身体也结实了起来。

教孩子这些并不是把他关在家里就有效果的，而是需要让孩子走出家门，通过一些实际活动来提高能力，比如运动。在运动中，教孩子处理各种突发事件的技巧，让孩子学会保护自己。那些懂得自我保护的孩子，即便父母不在身边，也能很好地保护自己，使自己不受伤害。而且，时间长了，他们会分辨出哪些运动是安全的，哪些运动是不安全的，遇到了危险，他们也会及时地想办法解决。

1. 鼓励孩子走出家门

有的孩子整天在家里过着“电视——电脑——床——零食”的生活，这样一种生活方式根本不利于孩子的身心健康。因此，父母要鼓励孩子走出家门，鼓励孩子参加一些运动，这是很有必要的，让孩子在运动中享受快乐、强健身体、学习知识。

2. 帮助孩子选择适合自已的运动方式

不同个性的孩子会喜欢不同的运动，有的孩子喜欢球类，比如篮球、足球；有的孩子则喜欢游泳、体操。每个孩子都有自己的强项与弱项，他们也有自己钟爱的运动，父母可以让孩子多尝试几种运动，帮助孩子找到一种适合自己的运动。即便孩子选择了带有危险性的运动，父母也要给予支持，比如有的孩子喜欢游泳，父母不能以危险性来拒绝孩子的要求，而是引导孩子安全地学习这项运动技能。

3. 让孩子多看一些运动比赛

父母可以带领着孩子去观看一些运动比赛，感受那种运动所带来的兴奋，孩子就会表现出对这项运动的兴趣。而且，在观看比赛的过程中，父母可以向孩子讲一些比赛过程中的安全常识，让孩子在享受运动的过程中学习一些自我保护的知识。

4. 陪同孩子一起运动

对于一些带有某种危险的运动，父母要陪同孩子一起参加。当然，父母必须教会孩子熟练的运动技巧，以便孩子能独立地完成这项运动。另外，在教会孩子运动的过程中，不仅要教会孩子运动的技巧，还要教会一些自我保护的技巧，防止孩子在运动中受伤。

家教智慧点拨

运动对孩子也是有诸多好处的，它增强了孩子的体能，使孩子在运动中掌握了一些安全知识，还可以培养出一种健康的生活方式。

关注孩子的食品卫生

俗话说：“病从口入”。每一位父母都十分关注孩子的健康成长，孩子的身体健康是父母心中永远牵挂的问题。在日常生活中，却存在着某些隐患，时刻威胁着孩子的身体健康，比如食品卫生。

“妈妈，这里还有麻辣鱼，咱们来吃吧，我好想吃。”放放打开冰箱，向妈妈嚷嚷。放放妈突然想起来了，大概四五天前做了一顿麻辣鱼，可能是自己忘记了，居然还在冰箱里。放放妈走了过来。“哎，这是四五天前的剩菜，别吃了，倒掉吧。”说着，端着鱼就走了。“干嘛就倒了，我今天想吃鱼。”放放觉得太可惜了，又向妈妈吐露了自己的想法，放放妈没有回答，一下子把鱼倒掉了，她一边洗盘子一边说：“隔夜剩菜不能吃，必须当天就吃了，放在冰箱里也不行的，更何况这已经四五天了，吃了肯定要坏肚子的。你想吃鱼，我打电话叫你爸爸买回来吧，你先到楼下给妈妈买袋鱼调料。”没等妈妈吩咐完，放放就冲了出去。

不一会儿，放放回来了，手中拿着一袋鱼调料，还拿了一包薯片。放放妈多了个心眼，拿过放放的薯片，仔细看了看生产日期，对放放说：“叫你少吃点膨化食品，你不听，这些都是垃圾食品，而且你看，早已经过了生产日期，赶紧把它扔了吧。”“哪里有生产日期？”放放不相信，拿过来看了一下，还真过期了。放放泄气地把薯片扔进垃圾桶，“下次购买东西的时候，要仔细看包装上面的厂名、生产日期、保质期，如果发现异常要当场退换，妈妈跟你说过几遍了，现在你可要记住了。”放放妈趁机又向放放灌输了一次食品安全知识，“知道了。”放放向妈妈调皮地眨了眨眼睛。

在生活中，如何保证孩子的食品卫生，这更是父母们需要关心的问题。饮食健康，对正处于生长发育的孩子来说极为重要，父母要确保家庭饮食的卫生与安全，避免孩子饮用不卫生的食品。因为保证孩子饮食的健康，才能保证孩子身体的健康。

1. 注重家庭饮食的卫生

父母给孩子吃的水果最好选择供应期较长的当地水果，比如苹果、香蕉等，那些季节性比较强的水果很容易引起过敏，而且，水果过期或者腐烂变质对孩子身体有害，一定要为孩子选择新鲜的水果。另外，给孩子吃的蔬菜最好选择无公害的蔬菜，尽量挑选新鲜、病虫害少的蔬菜，经过仔细清洗之后才能给孩子食用。父母不仅仅要注重水果蔬菜的卫生，还需要确保烹饪用具的清洁，烹饪所用的案板、锅铲、碗勺等用具应当用清洁剂清洗，充分漂洗，用沸水或消毒柜消毒后再用。

2. 确保食品的保鲜

不要让孩子吃剩菜，最好是现吃现做，一般一个小时之内食用为最佳，那些冰箱里保存的乳制品应该当天食用。孩子每天饮用的水也必须是经过煮沸的水，同时，烧开的水保存不能超过48个小时。

3. 让孩子远离零食

许多孩子都有吃零食的毛病，父母也会因为娇惯而纵容孩子买零食、吃零食，长期吃零食对身体健康会造成一些不利的影响。孩子身体的抵抗力比较弱，经常吃一些不健康的食品，容易得肠道疾病，比如食物中毒等。大部分油炸、烤制食品，尤其是炸薯条中含有丙毒，这是一种致癌物质。

4. 让孩子远离不卫生食品

父母要教育孩子，尽量不要到学校周边那些早餐店或者小摊购买不卫生的食品，要养成在家里吃早餐的习惯。同时，父母要加强孩子的食品安全消费教育，引导孩子改变不良消费的习惯，教育孩子购买合格产品的知识。比如，教育孩子在购买食品时要检查包装是否完好，如果有破损或漏气现象就不要购买，还需要仔细查看外包装上是否标明了厂名、生产日期、保质期等内容，让孩子懂得这样一些知识，进而让孩子远离那些不卫生的食品。

家教智慧点拨

饮食健康，对正处于生长发育的孩子来说极为重要，父母要确保家庭饮食的卫生与安全，避免孩子食用不卫生的食品。因为保证孩子饮食的健康，才能保证孩子身体的健康。

教给孩子一些应对突发事件的方法

所谓突发事件，就是指突然发生的事件，有的会有一些征兆，有的没有任何的征兆，这样的事情可以说每天都在发生，小到鸡毛蒜皮的小事，大到灾难战争等危及生命的大事。突发事件对于成年人来说也是不可忽视的考验，更别说是一个孩子。年纪较小的孩子还没有足够的应付事情的能力，他们在面对突发事件时难免会慌张无措，渴望得到大人的帮助。

外面正下着大雨，坤坤妈心里很着急，坤坤早上出门没有带雨伞，现在肯定正躲在教室里无助呢，自己现在还没有下班。刚刚给坤坤爸发了信息，他也正在开会，这可怎么办呢？坤坤妈祈祷坤坤还在学校等着自己，可是自己也要先回家去取雨伞才行。等到下班了，坤坤妈就冲了出去，几步路就到了家，到了家门正准备开门，听到了坤坤的声音，坤坤妈回头一看，坤坤正从出租车里出来，向妈妈喊道："妈妈，给我付车费。"坤坤妈一边掏钱一边惊讶地问坤坤："你怎么想到坐出租车回来？""我看雨下得那么大，肯定没有办法回家了，等了好半天，也不见你们来接我，我想你们肯定还没有下班，于是，我就先坐出租车回来了。”坤坤漫不经心地回答，坤坤妈向司机道谢后，一边开门进家，一边问道：“如果你回来了，家里没人给你付钱怎么办？”“这我早想到了，我可以向邻居借钱，然后再等你们回来。”坤坤妈拍了拍坤坤的头，认同了坤坤聪明的做法。

可是在不久之后，坤坤就因为另外一件事情受到了爸爸的批评。那天坤坤放学回家，开房门时不慎把钥匙扭断在锁孔里面，他不假思索地打通了 119 报警电话。坤坤刚刚报完警，坤坤爸就回来了，打算取出放在窗台上的备用钥匙。坤坤说：“我已经给 119 消防叔叔打电话了，他们马上就要来了。”“取钥匙这样的小事，你为什么要给 119 打电话呢？”坤坤爸问坤坤，坤坤疑惑地望着一脸严肃的爸爸，不知道自己究竟做错了什么。“取钥匙这样的小事，你应该先打电话跟我们大人说，我们如果实在没办法再向 119 求助嘛。”坤坤爸批评了坤坤几句：“快给 119 回个电话，说这事我们能够自己解决，用不着麻烦他们了。”坤坤爸很快把备用钥匙拿了出来，设法取出了断钥匙，打开了房门。

坤坤要求消防叔叔取钥匙，可坤坤爸却要求他向消防叔叔道歉，对这样一件突发小事件，每一位父母都应想想，面对突发事件，如何教孩子处理那些无法解决的问题呢？让孩子采取什么样的方式更合适呢？假如孩子像坤坤一样遇到了突发事件，是选择报警还是及时地联系家人呢？其实，面对不同程度的事情应该选择不同的应对措施，这样孩子才能够应对自如，不至于慌张无措。

1. 让孩子冷静地面对突发事件

一些突发事件是意料之外发生的，常常让孩子们六神无主，不知道该怎么办。因而，在平时的生活中，父母要有意识地培养孩子冷静的心态，告诉孩子即便发生了什么事情，也要冷静思考是否有方法可以解决，或者找人求救，让孩子学会冷静乐观地面对突发事件。当然，培养孩子冷静的心态还需要在平时多下工夫，许多父母习惯了事事为孩子做好，一旦孩子遇到了突发事件就没辙了。所以，在日常生活中，父母不妨放手，让孩子独立去承担一些事情，有意识地培养孩子独立解决事情的能力，增强孩子应对事件的能力。这样即便是在突发事件面前，孩子也能够冷静乐观地面对。

2. 让孩子懂得必备的防范意识

有的突发事件带着极大的危害性，特别是当孩子面对陌生人的时候，因而父母要让孩子懂得必备的防范意识，当遭遇不测而父母又不在身边的时候，如何让自己转危为安。比如，不要随便接陌生人递过来的东西；迷路了找警察叔叔；遇事不慌，千万不要到无人的地方或者陌生人的家里去；放学独自回家时，发现有陌生人跟着要想办法把他“甩”掉；碰到了坏人，要尽量避免自己受伤害，记住坏人的样子，及时报警。

3. 教孩子懂得求救。面对突发事件，孩子需要尽快找到解决问题的方法

当然，如果孩子能够独立解决问题，那是最好的，但有的孩子根本不知道自己究竟该怎么办。因此，父母应该教孩子懂得求救，最直接的救助人就是父母了，父母应该让孩子记住自己的电话号码、名字以及自己的单位地址、家庭住址。另外，如果联系不上爸爸妈妈，也可以让孩子联系其他亲属，需要提醒的是，让孩子千万要避开陌生人的“热心”帮忙。

4. 教孩子一些应对具体突发事件的处理方法

孩子的应急处理能力是孩子综合实践能力的一部分，父母应该加强这方面的教育。另外，父母应该依据具体的突发事件来教孩子一些应急处理方法，向孩子传授一些应急处理常识，并不仅限于丢了钥匙进不了门这样的小事情，还有各种突发事件，比如，遇险了要确保自己的生命安全，遇盗了要及时报警，遇灾了要及时报警并采取相应的措施自救等等。父母可以教给孩子一些处理的方法，以防孩子遇到突发事件时手足无措。

家教智慧点拨

父母有必要教给孩子一些应对突发事件的方法，这样的方法并不仅仅是表面上，还需要教孩子疏导自己紧张恐惧的心理，只有冷静地面对突发事件，才能寻求到最佳的方法。

给孩子普及一些交通安全知识

据报道，我国每年因为交通事故而死亡的人数超过7.3万，其中重要原因就在于一些人安全意识淡薄。在这其中，学龄前儿童以及中小学生因交通行为过失而造成的事故也不在少数。

下班后，瑞瑞妈在学校门口等瑞瑞，一会儿瑞瑞就出来了。学校门口有红绿灯，瑞瑞妈需要带着瑞瑞穿过马路才能回家。这会正好放学，门口簇拥着许多父母和孩子，公路上也拥挤了起来，一些父母不顾红灯就拉着孩子往马路对面冲，瑞瑞也准备跑过去，瑞瑞妈眼尖手快拉住了他。“他们都这样过去了、车子也给他们让道了，咱们怎么不过去啊？”瑞瑞对妈妈的行为感到很不解，“同学们都说，马路上没有很多车的时候，就可以过马路了，没有必要每次都等绿灯，那样很费事。”瑞瑞抬头向妈妈说。“珍惜时间也不在这会儿，也不过才几十秒钟。遵守交通规则，不仅仅是保护自己的安全，也是为别人的安全着想。你想，要是你冒冒失失地跑过去，司机叔叔慌张了，难免就会碰到其他的车子或行人，这样你虽然安全了，可是给别人造成的损失呢？所以在任何时候，你都要遵守交通规则，等等不要紧，安全才是第一位的。”“嗯。”瑞瑞懂事地点点头。

晚上回到家，电视里正在播本市新闻，瑞瑞爸正看着电视，突然，他叫道：“瑞瑞快来看，你们学校外面出事了！”“什么事？”瑞瑞慌张地从屋里出来，看到电视画面中，学校外面围着很多人。“出什么事了，爸爸？”瑞瑞紧张地问道。“你们学校外面出事了，孩子和父母差点出车祸，幸好没有什么大碍。”瑞瑞爸解释道。他突然看了瑞瑞一眼：“听说你也经常不遵守交通规则，你看，他们就是因为闯红灯，幸好司机及时刹车，否则早已经躺在血泊中了，这就是教训，瑞瑞你要引以为戒，明白吗？”瑞瑞还沉浸在紧张的气氛中，听到爸爸的问话，他慌忙点了点头，心想以后可不能忽视交通安全的重要性。

因此，父母应该向孩子普及一些交通安全知识，让孩子熟记交通规则，并懂得如何利用交通安全知识来保护自身的安全。

世界上许多国家的政府还专门为儿童制订了《儿童过街法》，对儿童加以保护。德国的《儿童过街法》内容为：白天给儿童佩戴斜挂在肩上的彩色绶带，夜间过街时穿发光衣，行人、车辆看到后要主动停下来，让儿童先过街。加拿大政府规定：当儿童手持“STOP”（停止）标语牌过马路时，一切车辆必须停下来，让儿童先过街，任何人坐的车辆都不例外。虽然，我国政府在交通安全方面也为儿童做了一些安全措施，但还需要父母经常给孩子灌输交通安全方面的知识，教孩子学会保护自己的安全。这样，即使孩子独自过马路，父母也能放心孩子的安全，而且，无形中也增强了孩子独立生活的能力。

1. 让孩子熟记交通规则

为了避免交通事故的发生，父母可以通过生动有趣的方式，让孩子了解并掌握一些交通规则。比如：不要乱穿马路，必须在人行道上行走，如果没有人行道就靠着路边走；横过马路时，一定要走斑马线人行道；不要在马路上玩耍、踢球、追车或抛物击车，不要在马路上做妨碍交通的事；坐车时不要把身体的任何部分伸出车外，也不要妨碍司机正常工作；不要翻越马路上的交通隔离设施；不要在人行道或马路上学骑自行车。

2. 父母要做遵守交通规则的好公民

近年来，一些学龄前儿童以及中小学生由于交通行为过失而造成事故频发，而且让人痛心的是，其中一部分交通事故还是在父母或其他成年人同行时发生的。因此，父母应该为孩子树立良好的榜样，做个遵守交通规则的好公民。

3. 把交通知识融入日常生活中

如果父母仅仅是把枯燥的交通知识讲给孩子听，不能强化孩子的记忆力，孩子们也不会有意识到交通安全的重要性。父母应该把交通知识融入日常生活中，通过日常生活的场景或者案例告诉孩子交通安全知识的重要性，强化孩子的记忆，给孩子留下深刻的印象。这样，孩子会很自然地接受到交通安全知识的教育，也会懂得怎么样来保护自己的安全。

家教智慧点拨

父母经常给孩子灌输一些交通安全方面的知识，教孩子学会保护自己的安全。这样，即使孩子独自过马路，父母也能放心孩子的安全，而且，无形中也增强了孩子独立生活的能力。

提高孩子辨别善恶的能力

当下，一些不良风气正往家庭和校园里渗透，由于孩子的心理和生理正处于旺盛的发展期，他们对一些诱惑往往是敢想敢干。孩子缺乏认识事物、分辨事物的能力，因此，他们常会因为自己误入歧途而受到伤害。换句话说，就是孩子抵不住生活中的一些诱惑。有一些事之所以被称作“诱惑”，从字面上可以这样去解析：“诱”是诱饵的意思，也就是说表面上看似很好，很吸引人，但背后却隐藏着“杀机”。“惑”的意思就是看到诱惑的人头脑就不会清醒，会被那种表面的东西所迷惑，他们不能看到隐藏着的“杀机”。因此，很多人就栽倒在诱惑的面前，其中的本质原因就是缺乏辨别善恶的能力，所以，若要让孩子独立，提高孩子辨别善恶的能力是最好的办法之一。那么，如何教育孩子辨别善恶呢?

1. 在文化艺术的学习中引导提高孩子辨别善恶的能力

在孩子对一些文艺作品欣赏的过程中，父母要适当给予孩子以辅导，让孩子了解内容的背景，抓住作品的精神实质，而不要错误地去理解内容。如《历史的天空》这部电视剧，说的是在抗日战争和解放战争的过程中，梁大牙从一个伙计到将军的英雄故事，是一部有一定教育意义的电视剧。但是有些孩子只是看到梁大牙鲜明的叛逆性格，竟把梁大牙的叛逆用到自己生活中去。这个事例告诉我们，孩子在欣赏文艺作品的过程中，父母对孩子看什么，怎样看，应该进行指导，这是有多么的重要。孩子在观看影视、阅读文艺作品后，父母要和他们平等交谈，在交谈中帮孩子分析这些文艺作品的思想性，使孩子正确认识这些文艺作品的主题，引导孩子学习正面人物的好品德，对反面人物产生憎恶感。这样，孩子就会从文化艺术的学习中提高自己辨别善恶的能力。

2. 在生活的小事上提高孩子辨别善恶的能力

其实，生活的一些小事最能锻炼孩子辨别善恶的能力。因为孩子能接触社会中众多的人和事，实践的内容十分丰富，有很多增强孩子善恶观念的资源。例如在社会活动中，孩子为大家做好事了，老师和父母就会表扬他；如果发现孩子不讲社会公德，父母和老师就会立即制止，并且指出孩子错在那里……这样，孩子在社会实践的过程中，会渐渐地明白社会崇尚的是什么，孩子辨别善恶的能力不仅会提高，而且会身体力行。

3. 利用榜样的作用，激发孩子辨别善恶的能力

在孩子的心目中树立几个英雄的形象，孩子就会以这些英雄人物为楷模。这是父母最生动、最实在的教育手段之一。榜样是学习、生活各方面的优秀典型。孩子在学习和生活中总是喜欢拿自己与优秀的人相比，希望自己能够像优秀的人一样。父母可以抓住孩子的这种崇拜心理，帮孩子选择一个嫉恶如仇的榜样，让孩子运用榜样来激励自己，从而提高孩子辨别善恶的能力。

总之，提高孩子辨别善恶的能力，有利于孩子健康地成长。有这样一个希腊的神话传说：在海上有一个海妖，它是半人半鸟的样子。当有船经过它所住岛屿的时候，它就用美妙的歌声去诱惑船员。一般缺乏判断力的船员就会被它的歌声所吸引，就会让航船接近海妖，结果，一只只航船都因被它诱导而撞到暗礁上沉没。但有一个叫奥德修斯的人，他能辨别出海妖的恶毒，在他靠近海妖时，他事先用蜡封住海员们的耳朵，然后把自己绑在桅杆上，他这样顺利地避开了海妖歌声的诱惑，顺利地完成了海上航

行。这个故事告诉我们，能辨别出善恶对一个人来说是多么的重要。

家教智慧点拨

孩子在成长的过程中，可能会遇见很多类似“海妖”的东西，如果能辨别出来，孩子就会像奥德修斯一样在邪恶面前很好地保护自己。

让孩子学会应对生活中的险情

在孩子的眼里，世界上的一切往往都是美好的，他们会因为自己年龄太小、社会阅历太浅的缘故，看不见在这美好事物的背后，往往隐藏着危机。有人统计：

在学校内受伤的频率是三分之一。

道路上车祸的频率是十二分之一。

死于火灾的频率是五万分之一。

死于突发事件的频率是二千九百分之一。

死于溺水的频率是五分之一。

死于中毒的频率是八万六千分之一。

……

所以说，生活的危急情况可能会在不经意中降临到我们每一个人的头上，而在危急关头，一个人能否全身而退，主要看他能否在平时对生活中的危险多一分警惕。在著名的哈尔滨天鹅饭店的火灾中，烧死了不少住宿的客人，但令人奇怪的是，所有的日本人都成功脱险。原来，这些死里逃生的日本人，在自己小时候，就认识到在生活中所存在的危险，并且学会应对这些危险的办法，从而在这次火灾中全都安然无恙。

所以，父母想让孩子能更好地独立，就要教会孩子警惕生活中的危险。因为危急情况的发生离我们每个人都不是太远，让孩子能在天灾人祸中化险为夷，这也是给予孩子最强的保护能力。

日本的教育非常重视对孩子安全意识的培养。日本是一个多地震的国家，孩子在小时候，大人们就注重培养孩子在各种险境下逃生的意识和技巧。他们让孩子警惕生活中随时可能发生的危险，例如，在一个人群拥挤的公共场合，一个日本人首先想到的是它的逃生通道在哪里。所以父母要学习日本人这种教育孩子的方式，有意识地加强孩子的自我保护意识。父母可以根据孩子年龄的不同，有的放矢地进行安全指导。

在对孩子讲安全问题的时候，父母要对孩子讲清楚两个方面的内容：

一是在生活中会存在哪些危险，要孩子有“防患于未然”的意识；二是在具体的一些危急中，孩子如何做到自我保护。

首先，让孩子明确生活中有哪些危险时，既要让孩子引起足够的重视，又不能让孩子提心吊胆、草木皆兵。孩子要掌握一些生活阅历和经验，什么地方有危险，什么事情有危险，什么类型的人最危险，这都需要孩子去了解掌握。父母在口传心授的同时，还可以通过引导让孩子看有关安全方面的电视或书籍，使孩子明白生活的危险都藏在哪里。

其次，教会孩子自我保护的方法。在西方，孩子在学校首先要学的就是如何应对危急情况，学校会在不同情况下不定期地举行逃生演习。而在中国，类似这样的教育往往被人们所忽视，就是举行一些逃生方面的讲座，孩子们往往也会把它当作一场娱乐活动来对待。因此，孩子的安全意识非常淡薄，逃生的知识也异常缺乏。据专业的消防人员介绍，在中国发生的几场著名的火灾惨剧中，很多人如果有逃生的常识，他们完全可以在灾难中幸存，但遗憾的是，由于他们缺乏逃生的知识而被大火吞噬了生命。

所以，父母要在生活中多教孩子一些“死里逃生”的方法，这对孩子来说就是一种保护。

父母教孩子自保的方法可以灵活一些，这样更容易使孩子接受。平时父母可以假定一些危险来袭的场景，父母可以用游戏的方式来告诉孩子其中的自我保护要领。父母可以在暴力侵害中扮歹徒；可以在孩子迷路中扮坏人或平常的路人；到一些公共场所时，可以设想某地方起火了，要孩子自己找逃生路线等，帮助孩子提高自我保护能力。在假设中重点要求孩子的是：

——假定遭遇暴力侵害

在游戏中主要告诉孩子，当歹徒行凶等危险事情来临时，我们应该告诉孩子“跑！使劲地跑！”并做出大声呼救。向有出口的地方跑，向人多的地方跑，同时大喊寻求帮助。在孩子到了一定年龄的时候，特别是女孩子，可以让她去学一些防身术。

——假定迷路

父母可以设置一些障碍，让孩子自己去思考、推测原因，并让他设身处地地去考虑应对的措施和对策。这样的教育在方法上都是非常好的。另外，父母从孩子会说话的时候起，就可以教他们熟记一些关于自己和家人的基本信息，这样来增强孩子的防范能力。

——假定遇到火灾

火灾发生的时候，最能考验人逃生的能力。现在有一些学校里也安排了火灾演习，而父母除了给孩子讲一些逃生的常识外，在和孩子外出的时候也可以利用一些场所，假定发生火灾，让孩子安排逃生的路线和办法。这样，可以提高孩子应对不同地形的能力。

总之，父母要让孩子警惕生活中的危险，懂得自我保护的意义，掌握自我保护的方法。天有不测风云，孩子要是能从容地应对各种危急情况的话，他的独立能力就足够让父母放心了。

家教智慧点拨

父母要有意识地加强孩子的自我保护意识。父母可以根据孩子年龄的不同，有的放矢地进行安全指导。

保护孩子不受校园暴力的侵害

有的父母以为，孩子在学校里是最安全的，因此，只要孩子在学校里，那是一百个放心。不可否认，孩子在校园里，会降低社会给他们带来的伤害，但父母常会因此忽视校园暴力给孩子带来的伤害。青少年犯罪研究会近期的一份统计资料表明：近年内，学生犯罪总数已经占到了全国刑事犯罪总数的30%以上，其中在校的学生犯罪案件又占到了青少年犯罪案件总数的70%以上。校园暴力案件不断发生，而在校学生的犯罪率还在呈上升趋势。

最近震惊国内的孩子集体自杀事件，就是校园暴力最突出的反应。在安徽阜阳的某所小学里，5个女孩由于不堪忍受学校里几个男孩子的欺负，选择了跳河自杀，其中有两名孩子溺水身亡。其中一个幸存的女孩子事后说，学校里有6个男孩子，他们对外号称“降龙伏虎帮”。见了面从来不叫名字，都是喊女孩们的外号，什么“小矮个”、“大鼻子”等。这些女孩子经常被他们追打，打完了还威胁她们不准回家告诉大人，更不准告诉老师。在实在无可忍受的情况下，她们选择了用集体自杀的方式来逃避校园暴力。

所以说，父母要让孩子远离校园暴力，这对孩子来说也是一种自我保护能力的培养，其中最重要的就是鼓励孩子敢于向大人求助。

在校园暴力侵害案例中，孩子受伤害最严重的很多都是没有向大人求助的缘故。在前文的例子中，如果孩子能及时向父母求助，孩子可能就不会被逼到集体自杀的地步。

在面临校园暴力侵害时，更多的孩子都会忍气吞声，就是有人过问，受欺负的孩子也会三缄其口，他们害怕大人对事情处理不彻底，反而会导致更大的报复。另一个原因就是被欺负的孩子死爱面子，因为一告诉老师，势必很多同学都会知道，这就等于向同学宣告自己懦弱。告诉父母也不行，孩子都不想让父母知道自己在学校“混得不好”，如果父母知道自己在学校被欺负而又无力反抗，这使孩子在面子上会觉得很难堪。因此，在面临欺辱的时候，很多孩子都会选择沉默。

所以，在这种心理背景下，父母要想让孩子避免校园暴力的伤害，就要让孩子敢于及时地把自己遇到的情况反馈给父母，敢于向大人求助。这对于孩子来说是心理上的一道坎，让孩子迈过这道坎，就会减少或避免被校园暴力侵害的机会。所以要鼓励孩子及时向父母求助，让孩子明白，求助也是一种自我保护的能力，而并不是一个人懦弱的表现。父母要给予孩子足够的信任，让孩子相信，大人能彻底处理好他与对方的冲突。父母得知事实后，要是采取退缩或息事宁人的态度，或直接到校找到暴力对方或其父母理论，这会让孩子更担心自己的处境，孩子就不会向父母求助了。若孩子已遭受校园暴力，父母需帮助孩子排除心理阴影，并保护他免于再度受到伤害。父母需跟随孩子的状况，给予孩子情感支持，让孩子认识到求助的重要性。

1. 要教会孩子如何主动避免校园暴力

父母要有意识地增强孩子避免校园暴力侵害的能力。要不时地提醒孩子，尽量不要一个人出现在僻静的地方，在学校里要去少有人出入的地方时，要和同学相伴而行。例如：楼梯间、厕所、操场角落等处，不给校园暴力者有可趁之机；孩子所穿着的衣装及使用的物品，如果是昂贵名牌，要教导孩子不要随处炫耀，因为这种招摇的举动，往往会成为校园暴力者攻击的目标；要求孩子以谦虚或尊重的态度对待同学和师长，培养孩子好的社交和沟通能力，若遇校园暴力，让孩子有一种勇敢不畏惧的姿态，让施暴者产生畏惧。

2. 给孩子安全感

一个能规避校园暴力的孩子，他一定也是一个安全感十足的孩子。也就是说，孩子在学校一旦有了安全感，就会敢于面对校园暴力，他们在同学面前也就会自信、自立和自强。事实表面，校园暴力的受害者，往往都是那些心理懦弱的孩子。因此，父母要给予孩子足够的安全感。

如何建立孩子在学校的安全感呢？主要给孩子提供一个安全、稳定的学校环境。比如，孩子在学校遇到困难向父母求助时，父母能及时到校并给予妥善处理。父母要让孩子知道哪些事情可以做、哪些事情不能做，使他们知道如何遵循做人的准则做事。孩子懂得自己行为的自由和限制，孩子才能获得真正的安全感。孩子有了安全感，他在学校里生活得才会更踏实。

3. 对孩子多加关注

父母对孩子的学校生活有了关注，孩子在心理上就会觉得多了一份支持，这样就会提高他抗击校园暴力的能力。因此，父母要对孩子多加关注。比如，孩子身体上有不明伤痕、对校园的事情言辞闪烁、拒绝上课等异常的行为，父母应给予关心，并试探着询问校园近况，这样能防止校园暴力的进一步升级；再一个就是和老师常保持联系，定期用电话询问孩子的近况，建立亲师沟通管道，一旦发现孩子行为改变能及早处理；和孩子相处较不错的同学及其父母熟悉，并保持密切联系，这样可通过其他人，了解孩子在校园中的情况。

家教智慧点拨

若孩子已遭受校园暴力，父母需帮助孩子排除心理阴影，并保护他免于再度受到伤害。父母需跟随孩子的状况，给予孩子情感支持，让孩子认识到求助的重要性。

不要忽视孩子的心理健康问题

从20世纪起我们的认识已在儿童观、教育观、发展观方面发生了很大变化。从皮亚杰的认知发展理论到维果茨基的社会文化发展理论，从智商

(IQ)到情商(EQ),从右脑开发到全脑开发,学前教育有关理论的整合和发展为新世纪高质量的学前教育奠定了基础。

新世纪要求一个人身心健康,善于理性思考,能与人共处,有创造精神和实践能力,既能适应经济上的不平衡和文化的多样性,又能参与世界竞争推动社会进步。为此,从儿童出生开始,就应该对他们进行全面的素质启蒙教育,这就要求我们制订出与新世纪需要相适应的学前教育课程。

上海电台新闻频率和华东师范大学心理学系联手,针对6岁到12岁(即幼儿园大班到小学六年级)的少年儿童进行了一次心理调查,回收有效问卷1087份。华东师大心理学系教授呼吁:“儿童心理问题不能仅仅考虑孩子的问题,而是要放在社会环境中寻找解决之道。”

儿童应该是无忧无虑的,可参加调查的孩子中竟然有78%最近感到不开心。孩子们在问卷中写下了837条五花八门的原因,其中包括:身体受伤、生病、作业多、父母不让看电视动画片、没有零花钱、不能吃零食、上课没劲、数学题目不会做、愿望未达成、被迫做自己不喜欢的事情、丢东西等等。

对这些原因进行归类后发现,因为父母责怪甚至训斥而不开心的占到15%。这成为最多的归类。调查人员认为,父母不正确的教育方式成为孩子郁闷的“罪魁祸首”。

孩子们不快乐,可他们却不愿意向父母求助。63%的孩子在不开心的时候,选择不想让父母知道;53%的孩子宁愿独自来解决心理困境;只有16%的孩子选择将自己的父母作为宣泄对象。儿童心理专家认为,这一方面表明现代少年儿童的独立意识在增强,另一方面也表明孩子对父母的认同感在减小。

这样的情况在另一个问题中有更突出的显现:72%的孩子在做作业的时候,不希望父母坐在身边。

孩子有话不跟父母讲,有问题不向父母请教,这是为什么呢?79%的孩子认为父母对自己的学习成绩和名次有着严格的要求!

孩子们的外在压力在增大,而内在动力却大大减少。41%的孩子认为压力来自老师，31%的认为来自父母，还有28%的孩子有着惊人的“自律”性，他们会自我施压。有专家称：“如今的孩子对于生活的不满意都集中在心理层面上，他们身上甚至承担着本应由大人肩负的压力。”

上海市精神卫生中心儿童行为研究室主任杜亚松一针见血地指出：“亲子关系很重要的一点是，要和孩子形成民主和谐的互动关系，而我们的父母没有做到这一点。”专家还引用“同伴教育”的道理来劝诫父母：“不应该限制孩子与同伴的交往，同伴交流才是孩子们意志、体格、品质、合作精神、竞争意识锻炼的绝佳机会。”

对问题学生进行心理辅导是非常重要的。每个学生都有个体差异，承受挫折、面对竞争的能力是各不相同的。一般来说，成绩好的学生自尊心稍强一些，教师应该区别对待这些不同类的孩子，应该深入了解学生，让他们减轻压力，这才能让学生健康成长。另一方面，父母也要明白，并非所有的孩子都必须走金榜题名这条路，合格的父母应以身作则，让孩子从小受到良好的影响，同时要注意提高孩子的心理素质和承受各方面压力的能力，时刻注意孩子的思想动态，加以正确的引导。

进行系统的生命教育，教育学生珍惜生命，在社会迅速发展的今天有着重要的意义。每一个孩子的成长过程中都会有一个危险时期，在这个时期，父母和教师都要给予关怀和理解，要善于开导，提倡互相尊重、平等交流，如果采用生硬的办法只会让孩子产生误解和厌倦。

孩子的心灵是一个没有杂质的净地，没有谎言，没有欺骗，一切都直来直去，他们的行为都是基于想满足自己某种单纯需要所致。但如果爸爸妈妈对他们的行为缺乏敏锐感觉，则可能引起不良的行为问题，如能小心参考下列四点，则有助于了解他们的心理。心理学家分析，每个孩子都有下列四种心理需要：

1. 父母的爱护和关怀；

2. 被接受、被尊重；

3. 得到别人的赞赏；

4. 在家里有地位。

有些孩子可以利用好的行为表现来取悦父母得到赞赏，从而满足其心理需要；但有些孩子不能做到此点。当心理需要得不到满足时，便会以不适当的行为作为补偿。

家教智慧点拨

孩子成长的每一个阶段，不但有身体发展的目标，也有相应的心理发展的目标。父母要懂得孩子心理发展的每个阶段的特征，并且给予正确引导，以促进孩子的心理健康发展。

第九辑

注意方式方法，孩子好不好就看父母怎么做

对于如何教育孩子，很多父母显得不是很“专业”，因为很少有人会去做“合格家长培训”。所以，在教育孩子的时候，存在很多迷茫和误区。小学阶段的孩子离不开父母的看护，那么，在这个过程中，父母该怎么做呢？

父母要会找孩子的兴趣点

男男妈和男男爸是大学同学，所学的是中文专业，因而两人都有喜欢看书的爱好。家里的书很多，光是文学类的书籍就占了书架的三分之二，而且平时还总喜欢买书。没想到父母两人的爱好感染了男男，男男妈想：也许这就是所谓的耳濡目染吧。男男从小就喜欢书，在他还不能自己看书的时候，就央求妈妈给他读喜欢的故事或者小说，后来，男男在幼儿园认识了一些简单的字和拼音，男男妈再买书时就会顺便给男男买两本图画书、漫画书，这样男男自己也能看书了。

上小学一年级的一个早上，男男突然来了灵感，即兴做了一首关于春天的诗，男男妈赶忙起床帮他录了下来，之后又用彩色打印机打印了出来，把男男即兴的发挥和创作呈现出来。后来，男男还给同学朗诵了他的诗作。每次男男妈带着男男去公园回来，都会让他写100字左右的游记，把游览中的所见所闻以及感受写下来。男男爸买了几只金鱼放在家里来养，男男妈也让男男观察金鱼的成长情况，写一些关于金鱼的观察日记。一年级下学期，男男代表班上参加了鲁迅杯作文竞赛并进入了复赛，被老师亲切地称为“小作家”。

男男对科学也有很大的兴趣。日全食的时候，男男妈事前就带着他上网查询了有关日全食的各种信息和图片，让他参与观看了日全食的全过程；嫦娥一号发射期间，男男妈也陪着男男看了发射全过程，之后还随时关心嫦娥一号的进展情况；奥运会期间，男男在男男爸的介绍下，认识了各种运动项目。对于男男感兴趣的东西，男男妈和男男爸总是尽量地提供支持和帮助。

有的父母要求孩子练钢琴、学画画、背唐诗，不管孩子是否喜欢，强迫孩子完成练习。其实，这样会无形之中扼杀孩子的兴趣爱好，压制孩子的天性，会使孩子产生一种逆反情绪。这样做不但不会促进孩子健康成长，反而会害了孩子。那么，如何帮助孩子寻找兴趣点呢？

1. 兴趣是最好的老师

兴趣对于孩子来说，是一种重要的非智力因素，对其今后一生的发展都有决定性作用。如果一个孩子有了强烈的兴趣和求知欲，就会努力学习，积极主动探索，进而爆发出前所未有的潜能。正所谓“兴趣才是最好的老师”，如果孩子根本没有任何的兴趣，父母强迫孩子学习也不会有效果。对于父母来说，培养孩子的兴趣十分重要。

2. 让兴趣成为孩子的特长

每个孩子都有感兴趣的东西，这时候父母要加以正确引导，使之发展成爱好。但是，孩子的兴趣往往是不固定的，具有多变性，可能他今天喜欢画画，明天喜欢唱歌，后天又喜欢上钢琴了。父母面对这样的情况就没有办法了，认为孩子不能成才。其实并不是这样，父母应该耐心等待，或者帮助孩子确立一个较为稳定的兴趣，在这一兴趣上多花一些工夫，为之积极创造表现的机会，并加以鼓励，使兴趣成为孩子的特长。当孩子觉得厌烦而想放弃的时候，父母也要鼓励孩子战胜困难。

3. 善于捕捉孩子的兴趣

父母要善于捕捉孩子的兴趣，对自己的孩子进行仔细的观察，发现孩子的兴趣就要正确引导。若孩子性格有些内向，就需要父母主动与孩子交谈，明白他感兴趣的是什么，寻找其兴趣点；有的孩子兴趣比较强烈，经常不顾场合就表现出来了，这时候父母也要循循善诱，不要压制，而是要把那强烈的兴趣发展成为爱好、特长，使孩子在擅长的方面有所成就。

4. 以孩子的意愿为主

父母对于孩子的兴趣只能是引导，而不能凭着自己的意愿强行决定。如果你违背了孩子的意愿兴趣，强迫孩子做他并不感兴趣的事情，也不会取得很好的效果。有的孩子对某一事物的兴趣过于强烈，以至于影响了学习，这时候父母也要帮助孩子分清主次，向孩子讲清楚，只有做好功课，才能进行深入研究，使孩子把兴趣和学习结合起来，共同发展。

家教智慧点拨

每一个孩子都有强烈的好奇心，面对着世间万物，他那小小的心灵更是充满了好奇与渴望。作为父母，应该寻找出孩子的兴趣点，以挖掘孩子的潜能。

不怕麻烦，满足孩子的好奇心

小学生总喜欢问一些古怪的问题，很多父母对其会置之不理，其实，这样做是错误的，父母应该满足孩子的好奇心。

孩子常喜欢对自己未知的领域进行思考，对他所注意到的东西，他会不停地去探索，这时所表现出的往往就是孩子的好奇心。事实证明，对事物保持好奇心的孩子，兴趣往往都是十分广泛的，就是一般人看来平平常常的事，对于一个有着好奇心的孩子来说，也有着很大的吸引力。那么孩子的聪明，往往也就是在平常中能做出不平常的事来。因此，要想孩子变得更聪敏，就要满足孩子的好奇心，这样孩子才会变得越来越聪明。

现在的很多父母，对孩子的好奇心没有一个正确的引导方式，一是认为孩子对一些事情的好奇是不务正业；二是因为孩子的好奇心具有一些破坏作用。这样父母往往会对孩子的好奇言行进行百般的阻挠。父母用这两种方式看待孩子，不仅不能满足孩子的好奇心，还会扼杀孩子因为好奇而对未知世界的探索精神，对孩子智力的发展是非常有害的。这两种情况在生活中不乏实例。比如，孩子会一动不动地看蚂蚁搬家；孩子会长时间地呆在自己养的宠物旁，还会要求父母养更多的宠物；孩子会围观一些看似无聊的事情而不愿回家……这些事对孩子的吸引力之所以非常大，是因为孩子对它们感到好奇，所以才痴迷于其中。但父母看到这样的情况时，就会不理解，因为这些事情在大人看来并没有什么趣味可言，孩子这样做，常常会因此误了吃饭，误了休息，误了做作业……在大人看来简直是“正事不足，邪事有余”，于是“一切为了孩子好”的父母就会对其阻挠和纠正，当然更少不了对孩子严加批评。孩子这种“玩物丧志”的做法是父母不允许的，要是孩子再在自己好奇心的驱使下，干一些具有破坏性的事的话，那么就更不会得到父母的允许了，比如，孩子因为好奇会毁坏一些家里的物品，像拔花扯草、拆卸电器、砸坏钟表这样的事会时有发生，但事后父母都是以孩子犯了大逆不道的错误论处，这样就扼杀了孩子的好奇心。一位母亲曾对陶行知抱怨说，她的儿子非常淘气，把她的一块金表给拆坏了，她把儿子打了一顿。陶行知先生当即说：“可惜呀，中国的爱迪生让你给枪毙了。”陶行知先生的话，道出了家庭教育中，父母是怎样在无意识中扼杀了孩子可贵的好奇心。

所以，父母提高孩子聪明程度的最好办法，就是利用孩子的好奇心，把孩子引向他所好奇事情的更深层，这样孩子就会学到更多的东西，思维也会得到锻炼，从而就会聪明得多。

孩子因为好奇会提出这样或那样的问题，这也是孩子对未知世界的一种探索。孩子往往会向父母提出一些问题，例如：为什么月亮有时是圆的，有时是扁的，有时还没有？为什么飞机那么大却能在天上飞？铁质的轮船为什么能在水上漂浮着？电视里的人吃什么……对于孩子的提问，父母切不可默然处之，要注意引导孩子，把孩子的好奇转到善于分析和积极思考的方面上来。父母对于自己不能理解的问题也不必勉强解释，可以告诉他：这些事，你以后读的书多了，懂得的道理多了，就能理解了，这可以鼓励孩子进一步学习知识。鲁迅先生在这方面就注意对孩子进行引导，满足孩子的求知欲。

一次，海婴冷不丁问：“爸爸，你是谁养出来的？”

“是我的爸爸、妈妈养出来的。”鲁迅回答。

“你的爸爸、妈妈是谁养出来的？”

“爸爸、妈妈的爸爸、妈妈养出来的。”

“爸爸、妈妈的爸爸、妈妈，一直往前，最早的时候，人是哪里来的？”鲁迅告诉儿子：“是从‘子’——单细胞来的。”但海婴还要问：“没有‘子’的时候，所有的东西都是从什么地方来的？”为了不使孩子失望，鲁迅耐心地告诉他：“等你大一点读书了，先生会告诉你的。”

关于“人从哪里来的”这个问题，可以说很多父母都会遇到，但很少有父母能满足孩子的好奇心，并激发孩子的求知欲。孩子能提出怪问题，说明孩子在动脑筋，做父母的就应该抓住这一瞬间，对孩子传授一些他们年龄能够接受的知识，对孩子一时还无法接受和理解的问题，就应该像鲁迅先生那样告诉孩子，将来“先生会告诉你的”。这样来满足孩子的好奇心，就是对孩子的引导教育。又例如，孩子突然想知道妈妈养的那些花为什么长得那么好看，便把花连根拔了。妈妈知道后并没有责备孩子，而是告诉孩子：这些花之所以开得这么鲜艳，全靠根吸取土壤里的营养，如果根离开了土壤，那就会因缺水分和营养而枯死。说完，就让孩子和她一起把花重新栽到盆里。妈妈没因此去责骂孩子，不仅使孩子学到了知识，还满足了孩子的好奇心。如果因孩子毁坏花草对孩子进行批评，这样的事情多了，孩子就会觉得好奇是自己的一种错误，孩子的好奇心渐渐地就会泯灭。

孩子在成长的过程中，只有随着他知识和经历的增加，他才会变得更聪明。满足孩子的好奇心，就是丰富孩子的知识和经历。牛顿因为苹果从树上掉落在地而引发好奇，后来发现了“万有引力定律”；瓦特对沸水把水壶盖子掀起产生好奇，进而探究其原理，才有蒸汽机的发明……所以说，满足孩子的好奇心，往往会使孩子变得更优秀。

家教智慧点拨

对于孩子的提问，父母切不可默然处之，要注意引导孩子，把孩子的好奇转到善于分析和积极思考方面上来。

父母要学会和孩子一起玩

现在的小学生作业多，第二课堂还有这样那样的培训班，学习任务繁重，因此，玩不仅是很多父母反对的，更是孩子的奢望。但是，在小学阶段，不仅要让孩子玩，更要让孩子玩得更开心一些。

玩可以提高孩子的智商，父母和孩子一起玩，还可以增加孩子与父母之间的感情。但是，现在的家庭，父母会为孩子创造一些活动的条件，却很少有父母和孩子一起“玩”得开心。他们认为和孩子一起玩，一是会有失做父母的身份，二是没有太多的时间，三是玩法各不相同。因此很多父母在平时的活动中，常常是与孩子各玩各的。他们不知道，自己常抽出一些时间和孩子玩一玩，这是增进与孩子关系的最好方法。很多与自己孩子关系融洽的父母，他们都会有一些“孩子气”，这种“孩子气”说穿了就是这些父母喜欢按照孩子的规则和孩子一道玩耍。

前任美国总统布什父子感情好是众所周知的，据说在小布什还没当总统的时候，他和老布什的感情就比一般美国家庭的父子要好得多，而在这样的一个家庭，父子情深更是难能可贵。小布什随当总统的父亲来中国，在北京饭店，父子俩吃完饭后，总统站着没动，让儿子先离开隔间，他一直看着儿子走出隔间，然后很骄傲地对身边的中国朋友说：“那就是我的儿子。”老布什为儿子感到骄傲，可以说他们的关系就超出了一般的总统与儿子之间的关系。

其实，老布什和儿子相处的时间并不是很多，在小布什很小的时候，老布什因忙于政治活动，很少有和孩子在一起的机会。但是，只要老布什在家，他都会抽出时间在自家的花园里和小布什玩耍一番。老布什会和小布什一起荡秋千、捉迷藏、做游戏等，一直会玩到筋疲力尽为止。尽管老布什很少和孩子们在一起，但他通过和孩子一起玩耍，把自己的好印象留在了孩子们的心里，所以，布什父子间的感情是非常深厚的。

因此，与孩子一起玩，能培养与孩子间的亲密感情。和子女一起玩球、捉迷藏、野餐、放风筝，孩子看到父母全身心地投入，他们也会感到生活充实、有趣。孩子在轻松愉快、无拘无束的氛围中，获得了亲情给他带来的很多快感，这种快感使父母与孩子的关系得到了升华。可以说，很多人对童年永久的记忆，很多都是与父母一起游戏的场景。因此，陪孩子一起玩儿，就像是“储蓄”一家人的亲密，它能让孩子在欢乐的氛围中成长，能让父母与孩子的关系更融洽。

在当下，很多孩子和父母的关系显得很生疏，其中的缘由就是父母平时和孩子缺少接触，孩子往往是自己玩自己的。在父母看来，给孩子买各式各样的玩具，让孩子穿最好的、吃最好的，用优厚的条件养孩子，孩子就会亲近自己。其实他们错了。孩子与父母的亲近，更多的是通过情感交流来获得的，和孩子一起玩，是父母和孩子亲近的最好方式。

怎样陪孩子一起玩儿呢？美国著名儿童教育专家玛格丽特·凯莉指出，最好的办法就是把孩子带到郊外。在一项唤起最珍贵记忆的研究调查中，所有参与者表示，在童年与父母进行户外玩耍时，他们感觉最开心。不是只有到一些旅游圣地旅行才是亲子互动的好办法，其实，增强与孩子情感的活动无处不在，就是简单的散步也能促进孩子与父母关系的亲近。比如在夏天，晚上与孩子一起外出散散步、数数星星、唱唱歌谣等，幽静的环境下孩子会对此终生难忘，父母给孩子的安全感会使孩子对父母更加依恋。

父母和孩子一起玩，和孩子一同沉浸在游戏的氛围中，一起探究游戏中碰到的问题，一起动脑筋想出更多更好的玩法，共同享受和交流游戏的乐趣，这更能融合彼此的感情。在孩子眼中，父母越天真越好，比如和孩子一起参加化装晚会，父亲扮成小猪，一边学猪叫，一边和孩子追逐，父亲没有了往日的威严，这时孩子会觉得父亲是最可爱的人。因此，不要在玩耍中对孩子太疏远，这样对孩子不好。有这样一个镜头，在公园里，一对夫妇带着他们十岁的儿子游玩，孩子在前面尽情地来回奔跑、跳跃，非常快活。这时，他的母亲突然冲他嚷道："为什么不好好地走路？你再疯跑，下次别想再出来！"孩子吓了一跳，之后孩子便一声不吭地远远尾随在父母的身后。很显然，孩子的情绪受到沉重的一击。如果这位妈妈能很好地利用这次游公园的机会，在与孩子一起观赏公园风景的同时，和孩子多对话，多交流，使气氛变得和谐活泼一些，孩子就不会与父母保持"距离"了。那种亲子之间淡漠、紧张的关系，往往就是这样造成的。

家教智慧点拨

父母在闲暇时，与孩子一起玩耍，使孩子生活在轻松愉快、无拘无束的氛围中，可以增强亲子间的亲近感和亲密性，自然而然地就会加深骨肉亲情。

少管，但务必做到心中有数

"进入小学，有老师教孩子学习，父母就可以松一口气了。"持有这种观念的父母常常对孩子的学习情况不闻不问。其实，小学阶段的孩子就是一个复杂的矛盾组合体：他们的理性思维及自我意识在发展，但自控能力却很差；他们懂得了很多道理，但就是不能把这些道理落实在行动上……所以，在学习方面，如果父母管得太多，孩子要么会产生厌学情绪，要么会产生依赖心理；但如果父母对孩子的学习情况毫不了解，也不闻不问，那孩子很容易就会走入弯路。

那父母到底该如何科学地对待孩子的学习呢？对待孩子的学习，父母一定要达到这种境界——少管，但务必做到心中有数。那父母应该如何做，才能对孩子的学习情况做到心中有数呢？我们归纳出了以下几点技巧；

1. 在轻松的环境下“脚”

随着孩子年级的升高，越来越多的父母都曾向老师抱怨孩子隐瞒自己的学习情况，但一位父亲却与孩子成了无话不谈的好朋友。

孩子放学回家后，李先生从不急着问有关学校和学习的事情，而是这样对他说：“在学校学习了一天了，放松一下吧！”这时，李先生会找一些简单的家务让他做，例如让他帮自己择一些简单的菜。与此同时，李先生还会与孩子聊一些有意思的话题，如最近热播的动画片，自己工作中的一些趣事……话题越来越多，孩子很自然地就会聊起学校以及学习上的一些事情。

人际心理学研究表明，只有在轻松的环境下，人们才会放弃防备心理，顺理成章地说出心里话。父母与孩子的交流也是如此，如果孩子一回家，父母就盘问他学习情况，这不但会使孩子厌烦，还会把他的防备心理激发出来，不管父母如何盘问，关于学习的情况他就是只字不露。上述父亲的做法是科学的，他从不盘问孩子的学习情况，而是与孩子聊一些轻松而又有意思的话题。父母这样做不仅是在为孩子营造一种轻松的沟通氛围，还是在以一种平等的身份与孩子交朋友。当孩子真正把父母当成好朋友之后，不管是学习情况还是其他方面的情况，他们都愿意向父母诉说。上述父母的做法值得所有父母学习，一边做家务一边与孩子聊跟学习有关的话题，看似漫不经心，实际上，在这种轻松的氛围下，孩子最易说出心里话。

当然，父母也应该注意，在孩子学习时，或全神贯注地看动画片或玩游戏时，父母不宜跟他们聊有关学习的话题。

2. 讲究技巧地“问”

一位家长曾这样说：“即使孩子愿意聊与学习有关的话题，我也不知道该问他些什么！”是的，在很多时候，如果父母的问题问不到点子上，或者不讲究提问的技巧，不但了解不到孩子的学习情况，还会引起孩子的反感。

把握孩子的学习情况，父母必须要了解这样几方面的内容：孩子在学习过程中是否遇到了困难；近期孩子对自己学习情况的评价怎样；近期孩子对学习的态度如何：是喜欢还是厌倦；了解了这些，父母就能把孩子的学习情况“尽收眼底”了。

当然，如果父母直接询问孩子这些问题，会显得非常突兀，让孩子感觉不舒服。所以，询问的“技巧”是要格外注意的。

最近，孩子对学习不像以前那样积极了，妈妈想，孩子肯定是遇到了问题。于是，利用聊天的机会，这位妈妈讲起了自己小时候的情况：“上小学四年级那会儿，有段时问我对学习特别反感，觉得所有的题目都不会做，几乎所有的知识都很难记住，我也不知道自己那时是怎么了！”

“好奇怪呀，我现在好像也进入了那种痛苦的状态！”说这些时，孩子的脸一下红了，但没过一会儿，他又坦然地问妈妈：“妈妈，你是如何度过那段难熬的日子的呢？”

接下来妈妈开始就这个问题和孩子聊了起来。

就这样，通过这种有技巧的问话方式，这位母亲不但了解了孩子的学习情况，还巧妙地解决了孩子学习中遇到的问题。

当学习中出现困难或遇到问题时，孩子受自尊心的影响，常常不愿意把这些情况透露给父母。但当得知父母也曾遇到过这些问题时，再面对这些问题时，他们就能坦然得多。所以，父母用自己小时候的经历“说事”，是促使孩子敞开心扉的一大技巧。当然，父母们也应注意，这一方法虽然好用，但也不能常用，否则孩子就会对你“小时候的经历”产生怀疑。

3. 用心地“听”

其实，生活中的很多渠道都在向父母们传达着孩子的信息，如家长会中老师的发言，孩子与同学的随意调侃……只要父母用心，处处都能捕捉到孩子学习情况的讯息。

一般情况下，家长会中还有这样一个重要环节——优秀学生的父母分享教育经验。那些优秀的孩子之所以优秀，与父母的教育方法及思路有很大的关系。所以，只要认真听，家长会还是父母汲取别人教育实战经验的重要课堂。另外，用心听孩子与同学调侃也是父母了解孩子学习情况的一个重要途径。

“马小哈，出发了，再不下楼就迟到了！”有人在楼下喊。

“这就来！”儿子边穿外套，边在客厅的窗户旁回应着。

杨先生很纳闷：儿子明明叫陈旭，什么时候改名叫“马小哈”了？下午放学后，儿子的同学来家里玩，杨先生偷偷地把他叫到一旁问他：“‘马小哈’是什么意思？”

他一听便乐了，但并没有立刻回答杨先生，看样子他不想出卖自己的好朋友。

杨先生引导他说：“直觉告诉我，‘马小哈’这个名字与陈旭的学习习惯有关，我问你具体情况，是想给陈旭提供帮助。”

终于，他把事情都一五一十地讲了出来。

果然不出杨先生所料，因为儿子总是粗心做错题，所以经常挨老师的批评。令老师和同学们感觉奇怪的是，老师批评他一次，儿子粗心的坏毛病就会缓解几天；但如果隔几天不批评他，他的坏毛病又会显露出来……正是因为儿子粗心的坏毛病还没有达到“马大哈”的程度，所以同学们才给他起了这个“优雅”的外号——马小哈。

了解了这些情况之后，杨先生已经确定接下来帮助孩子的重点——培养他细心的好习惯。

在小学阶段，大多数孩子在学校都有几个说说笑笑的好朋友。因为大部分时间是在校园里度过的，他们的说笑内容总是离不开学校与学习，所以他们的聊天调侃内容中常常隐藏着大量有关学习的重要信息。

就像上述的情况，同学所起的外号“马小哈”就是孩子学习情况的一个缩影，了解了这一情况之后，父母就能明确下一阶段帮助孩子的重点了。另外，一般来讲，小学阶段的孩子没有什么重大秘密，他们调侃聊天时也不会故意躲避父母，所以，只要父母用心，一定能轻易地捕捉到有用的信息。

当然，在这里，我们提倡父母用心聆听孩子与同学的调侃、聊天内容，与父母“偷听孩子打电话或有意打扰孩子与同学相处的私人空间”的行为是有本质区别的，父母们千万不要在二者之间划等号。

家教智慧点拨

对待孩子的学习，父母一定要达到这样一种境界——少管，但务必做到心中有数。“少管”，即给孩子一定的自由，让他觉得学习是自己的事；对孩子的学习情况做到“心中有数”，父母才能给孩子提供及时的帮助，以避免孩子学习上走的弯路。

成绩好的孩子，不一定要考100分

有个小学三年级的孩子这几天总是喊着不想上学了，可是前段时间还好好的。这是一个非常优秀的孩子，而且上进心很强，用他家长的话说就是“经常把考100分作为自己的目标”。但临近期末考试，他却表现得非常急躁。前几天，老师出了几道题让做一做，这个孩子只做错了一道，就非常生气地把作业本撕掉。这样的现象很反常。

最后，孩子的妈妈让这个孩子说出了不想上学的原因：“我很担心自己考不了100分，多丢人呀！所以，我不想再读书了。”

从这个案例中，我们会看到这个问题的实质：孩子这种对100分热衷的心理是一种不健康的心理。即便是上进心的表现，也是被扭曲了的上进心。

很多人在心中不由自主地把班上的孩子分为两大部分：一部分是有真正上进心的孩子，在这些孩子之中，有成绩好的，也有成绩不太好的，虽然他们也很在意成绩，但只要成绩有进步，他们就会表现得特别愉悦，而且也会愉悦地向着更好的成绩努力；另一部分孩子是上进心扭曲的孩子，他们多是一些成绩不错的孩子，每次考试之后，他们都会神经紧张、患得患失地等待着成绩：成绩理想，他们会如释重负地叹一口气，但一旦成绩不理想，他们就会痛苦万分，犹如落入万丈深渊。

明智的家长一眼就会看出，上述哪部分学生更有学习潜力，更易在学业上做出成绩；哪部分学生会钻入分数的“牛角尖”，最终不堪分数的重负而放弃学习。

为什么如此众多的孩子会出现上进心扭曲的现象呢？

场景一：

孩子拿着刚发下来的试卷兴高采烈地对妈妈说：“妈妈，看，95分。”妈妈没有来得及看试卷就问她：“你的同桌考多少分？”“100分！”“那你们班那个叫王睿的呢？”“100分！”听到这里，妈妈脸上的笑容马上就消失了：“人家都能考100分，你怎么就考不了呢？”孩子脸上兴奋的神情一下就消失得无影无踪，转而是一脸委屈与沮丧。

场景二：

放学了，孩子来找正在楼下乘凉的妈妈要钥匙，妈妈没顾上拿钥匙就问他：“怎么样，期中考试的成绩公布了吗？”孩子骄傲地拿出成绩单说：“看，数学99分，语文99分。”在场的邻居都称赞孩子聪明，妈妈的脸上也露出了骄傲的表情，但她却转过头故意对孩子说：“显摆什么，有能耐你考个双百回来让我看看！”很显然，这位妈妈对孩子的成绩很满意，但她对儿子考满分更加向往。

虽然上述两位家长对待孩子的态度有所不同，但他们所传达出来的思想却都是让孩子把100分作为目标。在小学阶段，大多数父母都有这样的满分情结，对此他们的理由是：小学的知识这样简单，考100分是轻而易举的事情。于是他们不断地向孩子灌输这样的思想：只有考100分才是好样的，才是令人满意的。

其实，正是父母的这种满分情结加速了孩子上进心的扭曲。不用父母过分渲染，孩子心里早就明白好成绩及满分的重要性，因为他们周围的环境几乎每时每刻都在向他们传递着这样的信息：虽然99分与100分仅有一分之差，但考100分的才是好学生，才能得到所有人的认可。这时，如果父母还常常用满分要求他们，这就等于对他们施加了双重的压力，使得他们把注意力全部放在分数上，整日被分数牵动神经、患得患失。也正是在这时，孩子往往只关注分数，而不注重学习方法、学习习惯、学习态度等其他决定性的因素，从而在学习中迷失了方向。

满分是一种极限，一般情况下大多数孩子都不可能达到这种极限。父母经常用100分来要求孩子，虽然可以使孩子以100分为目标，但在更多的时候，它却常常会造成孩子的失落与内疚感。偶尔得了100分，孩子只能从中得到短暂的快乐，但大部分时间里，他们的内心是忐忑不安的，因为他们不知道下次的成绩会怎么样，如果考不了100分是不是会被大家嘲笑，在这种忐忑不安与痛苦中，孩子的心就一点点扭曲了。

家教智慧点拨

不用父母过分渲染，孩子心里早就明白好成绩及满分的重要性。但如果父母经常用满分要求他们，这就等于对他们施加了双重的压力，使他们只关注分数，而不关注学习方法、学习习惯、学习态度等其他决定性的因素，从而在学习中迷失了方向。

唠唠叨叨，让孩子心生反感

“妈妈，我求你别说了！你说了好多遍啦！”女儿跺着脚，对妈妈哀求道。

“知道了，知道了！你有完没完啊，我耳朵听得起茧啦！真是烦死了！”儿子捂住耳朵，对着母亲吼。

这样的镜头也许在不少家庭中都出现过。因此也经常听到父母抱怨：孩子不听话，一件事讲好几遍也听不进去；讲多了，孩子又嫌自己烦。其实，爱唠叨的父母应该先从自己身上找找原因。

唠叨可能会导致孩子的心理问题，并危害其身心健康。美国杜克大学心理学家坦娅·沙特朗的研究显示，如果父母对孩子总是喋喋不休，唠叨个不停，孩子可能会反其道而行之。换句话说，就是唠叨是会起反作用的。

9 岁的阳阳是小学二年级的一名学生，可是最近一段时间每到考试来临他就生病住院，看书学习就说头疼。后来父母带他去做了一下心理咨询，心理医生发现孩子患的是典型的焦虑症。

一次阳阳考试得了 98 分，本以为妈妈会很高兴，谁知妈妈反而把卷子摔到地上，数落他说：“别人都能考 100 分，你再考 98 分就别回来见我！”从此以后，阳阳就开始害怕考试，觉得考不好妈妈会不高兴，还会不停的唠叨自己，进而演变到一考试就生病，最后达到看书就会头疼。心理专家认为，是这位母亲极不恰当的处理方式导致了孩子的焦虑症。

“我儿子太不听话了！”一位父亲气愤地说。“儿子小明今年 12 岁了，每次批评他，他就十分不服。”这位父亲说，有好几次小明威胁他们，如果再唠唠叨叨，他就离家出走。“现在我们都不敢说他了，万一他真出走了，可怎么办？”

对于小明这种情况，心理专家分析说：“孩子小时候，对是非并没有自己的看法，因此做错事被批评时，通常会听父母的。而当他们到十二三岁时，生理和心理逐渐成熟，自我意识也开始逐渐形成，对外部世界开始有自己的认识，并逐渐将自己定位于独立主体。这时，父母再像以前那样批评教育，他们就觉得没有得到父母的尊重，于是产生对抗情绪。”

小明说：“我本来就觉得学习压力很大，如果父母还总喋喋不休，我就更烦了。”此时，父母的批评在他们听来非但不是“金玉良言”，反而会激起他们的反感。如果父母还像小时候那样管教孩子，只能加深亲子关系的裂痕。所以父母在教育孩子时，尤其要注意的是不要絮絮叨叨。

但是，合理的指导与唠叨不同：唠叨往往含有责怪、批评的味道，是一种反复的单调的刺激；而指导是亲切的、言简意赅的，它能启发孩子独立思考，使孩子情绪稳定、心情舒畅。聪明的父母从不去规定孩子应该做什么，不应该做什么，而是放手让孩子去做。既使孩子没做好，他们也会耐心地帮孩子分析原因，鼓励他不要灰心，尽力而为。

父母唠叨，归根结底，是不懂交流的表现。与孩子进行交流时要充满爱心和亲切感，态度要和蔼。交流的最佳时间要选在吃饭时或睡觉前，因为在这段时间孩子的情绪最平稳。有一位母亲，从孩子很小的时候，她就注意和他的情感交流。每天在孩子上床时都要问问他：“今天过得开心吗？”天长日久，孩子就形成了在睡前和父母沟通的习惯，有什么不开心的事也愿意告诉父母。有了这样的感情基础，孩子就容易接受父母的建议和忠告，也用不着父母再费力地唠叨了。

唠叨多了没有什么好处，孩子会当作没听见，这只耳朵进那只耳朵出。说一次两次就要适可而止。如果孩子不听，你就采取措施，或者后果让他自负。比如限制孩子打游戏，先给孩子约定时间，告诉他，时间到了要从座位上离开。“我只说一遍，不然我就会采取行动，强制你执行。”这样，等孩子打游戏的时间一到，你就走过去提醒一次：你看，时间到了。

家教智慧点拨

每个父母都希望自己的孩子“成龙成凤”，为了达到设定的目标，会不时地在孩子耳边叮嘱、提醒。但这种做法往往收效甚微，甚至适得其反，使孩子产生厌烦情绪，还容易挫伤孩子的自信心和自尊心。

过多指责，让孩子失去自信

时代发展了，社会进步了，今天的孩子更早熟，青春期提前了，而他们的父母太累，精神压力也太大，更年期也提前了，青春期不可避免地碰撞更年期，内心的急躁和以自我为中心，让他们都不愿意去理解别人，冷静地去处理问题，这让孩子与父母两代人的隔阂加大，相互之间很难互相包容。

学习困难不仅导致学生学习失败，还会导致其他诸如情绪、行为或自尊的问题，甚至会影响学生的一生幸福，严重影响他们的生命质量。

许多父母认为只要自己做得好，比如为孩子提供合理的营养，给孩子足够的关爱，一直耐心地支持和鼓励孩子，对孩子公平民主等等，这些愿望就能实现。不幸的是，父母的愿望并不总能够得到实现。

学生学业出了问题，原因应当说是多方面的。多种因素共同影响学生的学习成绩。有时，学业失败可能是学习障碍、家庭压力以及学生与教师之间的关系不和谐引起的。而在另一些情况下，原因并不那么明显。多种原因并不意味着我们对这个问题束手无策。

当学生学业出现问题时，埋怨孩子、教师和父母的任何一方都不是解决问题的方法。学生教育需要各方面的共同努力，这里面首先是学生的父母。

作为学生的父母，你在孩子的教育过程中有着独一无二的地位。你再也不能希望仅仅依靠教师和学校来解决孩子的学习问题或者满足他们的一切教育需求。

一些父母只善于采用一种方法对待孩子的学习，那就是指责。

小学读书的孩子数学考试得了95分，父母不是看到孩子的进步加以表扬和鼓励，而是单单看到惟一的差错，瞪着眼睛对孩子说："又马虎了吧，考试前我跟你讲，做完了一定要检查检查，从头到尾再看一遍，你就是不听，要是认真检查一下，这5分怎么会丢掉！"孩子听后感到没有给爸爸、妈妈争气，都怪自己，又失败了。孩子在校运动会上得了百米第一名的好成绩，高高兴兴地拿着奖状给爸爸、妈妈看。这时孩子多想听到爸爸、妈妈的几句赞扬的话啊！因为这是他做一切事情的最强烈的动机。可是父母却漠不关心地看了看，无精打采地对孩子说："你要是数学、语文能在学校得第一名就好了，可惜的是体育。"孩子听后像是被泼了瓢冷水，高兴的心情一下子全没有了。

考试得了七八十分的成绩，父母便会"怒发冲冠"，非打即骂。在班里处于中下等的水平，孩子就终日陷入爸爸、妈妈的指责、羞辱之中。

一味采用指责的方法对待孩子，是一些父母的习惯。他们不善于看到孩子的成功之处，不善于观察孩子的点滴进步，并对此加以赞扬鼓励。无论孩子是成功还是失败，是进步还是退步，是顺境还是逆境，通通给予指责、批评，而恰恰就是这种一味指责的教育方法，造成孩子对学习失去信心和兴趣，促使孩子学习走下坡路，学习成绩下降。

有些父母对于孩子说谎非常反感，只要一经证实孩子有说谎行为时，就采用劝服、打骂或让孩子反省等做法，期望借此使孩子改正。但孩子为什么说谎？造成说谎的原因是什么？如何避免孩子下次再犯？他们说谎的原因很简单，因为他们怕父母，怕父母发现他犯了错误后拳脚相加。

经常听到父母这样说孩子："我这个孩子，一点都不争气，学习不用功，在家里做作业慢吞吞的，一点上进心都没有，从来没有见过这样的孩子，我怎么有这样一个孩子。你看你们班的某某同学多好，学习用功，学习成绩又好，学习上一点都不用父母操心，老师您说这孩子我该怎么办呢？”

有个学生曾经委屈地告诉他的老师，他每天一进家门，妈妈就开始唠叨，说什么：“儿子啊，你一定要好好地学习，你看你们班某某同学，学习比你强多了，他妈妈和我在一个单位，你学习不如他，在同学中的威望也不如他，我在单位里都抬不起头来，你一定要有出息，妈妈的希望全寄托在你身上了。”这个学生说：“我现在都不知道怎么做，妈妈才能满意。”

一个男孩兴高采烈地冲回家告诉妈妈：“好消息，好消息，老师今天终于表扬我了！”妈妈却说：“受表扬就会翘尾巴的东西！”小男孩的欢乐顿时烟消云散。

一个女孩一蹦一跳地跑回家，告诉爸爸：“好消息，我得了一百分！”爸爸却说：“隔壁的明明得了双百，你才一门一百就骄傲成这样。”孩子顿时眼泪汪汪。

正视长处还是短处，对孩子的成长大不一样。中国的孩子经常会说：我没什么优点。一想到自己首先是一大堆缺点，这能不影响孩子的自信吗？而美国的孩子常常放大自己的优点，包括在我们看来不起眼的优点，比如：会踢几下球，会唱几句歌。可人家孩子就这样找出了许多比别人强的理由。还有，美国的孩子敢于说“NO”，有批判精神才有创造性思维，才有个性的张扬，才有更大的进步。而中国的父母则一味地要求孩子“听话”，俯首贴耳才是好孩子，无形当中弱化了孩子的独立意识、自信心和逆向思维能力。

家教智慧点拨

不少父母总以为大人做的一切都是正确的。一旦孩子有了“过失”，不是首先问明事情的真相，就像审问犯人一样，横加指责，这对孩子的自尊心打击很大。因为，不论老少都有自尊心或人生价值感。

父母对孩子要求不要太高

父母对孩子都会有一定的期望，这种期望会变成父母给孩子设定的成长目标。给孩子设定成长目标没有错，关键是看看这个目标如何去设定，否则就会起到反作用。

很多父母给孩子设定的目标依据几个方面，比如周围其他人家孩子成功的启发，社会对孩子培育问题的一贯看法，父母自身的喜好……父母常常以这些参考来给孩子制定成长目标。这样定下来的目标所带来的问题是：当孩子是一张白纸的时候，你可以设想在上面画任何美妙的东西，可是一不小心在这张纸上已经画了一个圆或一个方块，如果还要按预定的设想画一幅泼墨山水画或工笔虫鸟画，那就是枉费心机了，这是其一；其二，每一个人的情趣爱好是不一样的，看到别人家的孩子好，或者按照人们通常的做法去如实地要求孩子，这就有可能犯了和在宣纸上做油画一样的错误。

在孩子学习的过程中因厌学而逃学，很大一部分原因是因为孩子不能完成大人所定的目标，产生破罐子破摔的思想。因此，在孩子学习的过程中，父母一方面要注意对孩子目标的及时调整，另一方面给孩子的目标要符合孩子的实际情况。有人说目标一旦定了，就不要随便改，因为这是你的方向，它会给你带来动力，但因为随着时间的推移，你会发现对孩子的理想与孩子的现实的差距，因此适当地调整是正确的。特别是对在学校里逃学的孩子，这种调整在一定程度上可以树立孩子的自信心，使孩子在学校有所作为。

对那些成绩不好的学生来说，他们在学习的过程中缺乏动力。孩子在低年级的时候，他们可能还想在学校表现得好一些，至少可以给老师留个好的印象，但随着自己调皮本性的暴露，这种愿望很快就会破灭。这样，自己成绩不好又不能给老师留下好的印象，孩子就彻底失去了向上努力的动因。因此，孩子感到自己在学校什么也学不到，有些要学的东西对自己也毫无用处。你想，孩子如果不想去应付考试的话，会不会解那一道方程式，这对他今后的生活又有多大影响呢？这时的孩子在学校里就会对学习彻底地放弃，他们自然地就会逃离学校。因此，给孩子信心是可能留住孩子的好办法之一。

父母把孩子送进学校接受教育，开始时，所有的父母都有一个共同的目标，那就是希望孩子能成绩优秀，所有的父母都一致地在这条线上要求自己的孩子，他们往往忽视自己孩子自身基础的好坏，他们认为教育是“万能”的。我们也更赞成“只有差的教育，没有差的孩子”，可问题是，很多父母在面对孩子已经无法再提高的水平时，仍然盲目地坚持对孩子原先的那份期望和要求，这就使孩子因心理压力过大而难以承受，这种情绪就使孩子失去信心。因此，要想使成绩差的孩子打消逃课的念头，那么父母就要根据自己孩子的实际情况，及时地、结合实际给孩子定一个明确的目标。父母要使这个目标犹如树上的桃子，孩子跳一跳就能够得着，因为离地面太高的桃子孩子会对它丧失信心。孩子不能上重点学校，我们就要求他上普通的学校；孩子实在不是读书的料，我们可以叫孩子做个司机或当个工人。俗话说“行行出状元”，如果你按孩子自己的兴趣和实际水平去要求孩子，你的孩子还可能成为某个行业的状元呢！

当你的孩子在学校里逃学的时候，你明确地告诉他你对他的期望，这时在他的心里就会这样想：“我努力一下，至少不会使我的父母失望。”当孩子有了可以实现的目标时，他自然就要从学校里学一些东西，也自然在学校里多了几分安分。

家教智慧点拨

当父母结合实际给孩子定目标时，孩子就会觉得，自己的那一点点成功对自己还有用，也能获得父母和老师的肯定，这样，孩子就会有劲头跳起来去“摘桃子”，孩子就不再厌学了。

孩子的分数，父母应该怎么看

父母对孩子最关心的事就是分数，因为在他们看来，考试的分数是衡量孩子成绩好坏的一个标准，但是，如果父母单纯地这样认为的话，那么对孩子的学习来说是极为不利的。很多父母会根据孩子的分数来确定对孩子的态度，高分时他们会喜笑颜开，低分时他们就会板起面孔，甚至还会对孩子打骂责罚。特别是在孩子考试不如意时，他们不会利用孩子既成的事实，使孩子向更好的方向发展。因此，父母若要正确对待孩子的分数，就要了解分数，利用分数，充分发挥分数的功能，用分数促使孩子学得更好。

1. 了解考试的目的

在高考中，高分就能上好的大学，分数是越高越好，这时的高分可能就是父母唯一所求的。但是，在平时则不然，因为平时的测试可能会有其他目的，因此，反映的问题也就会不一样。比如，孩子在偏于识记的考试中得低分，在偏于能力运用的考试中却得了高分，父母就不能简单地判定孩子是进步或退步了。所以说，了解考试的目的，有助于父母更客观地看待孩子的分数，更有助于利用分数来及时纠正孩子的不足。比如，孩子在同一单元测验的时候，前一次考得很好，这次成绩下降了，要么是后来难度加大了，要么就是孩子没有及时地复习，这样，父母就可以根据情况提醒孩子怎么去做，以便今后考得更好。

2. 孩子的进步与退步有时不在分数的高低上

父母要有这样一种认识：高分未必是孩子成绩提高了，低分未必是孩子学习退步了。比如说，孩子这次考试比上次高出很多，我们就认为孩子有了进步，其实试卷的难度是不同的。当然，在孩子面前父母不能否定孩子的“进步”，但对孩子要做到心里有底，要以鼓励孩子为主。同样，就是孩子的分数一下子考得很差，父母也不要认为他的成绩就是退步了，说不定还进步了呢！因此，判断孩子的成绩是否进步，不要看孩子的分数。那么如何认定孩子进步了呢？父母要看他在同学间的排名，这是比较客观的评价方法。比如孩子的成绩超出了平时和他成绩差不多的大多数孩子，或者他超出了平时成绩比他好的几个孩子，这样，孩子的成绩不论多少，都是进步的。

3. 在分数面前如何对待孩子

孩子考得好，父母鼓励孩子是理所当然的事，但如果考得不好，很多父母就很难对孩子有好的态度了。

孩子考得好，父母要多加鼓励，但在鼓励的同时，不要忘了指出孩子的不足之处。有的父母以为，鼓励孩子父母能帮上忙，指出孩子考分上的不足，那就是老师的事了。其实并不是这样，即使父母没有能力帮孩子分析其中的不足，也要对这方面给予关照，因为就是老师指出了孩子的不足，父母再提起，这至少能引起孩子的重视。

如果孩子考得不好，父母千万不要责骂孩子，因为事情结果已经是这样，对孩子重要的不是责备，而是如何想办法让孩子学得好一些。

有一个孩子，因为太贪玩而使得成绩很糟糕。在一次考试中，他的爸爸面对孩子少得可怜的分数实在是忍无可忍了，脱下鞋子要揍他，孩子吓坏了。这时，孩子的母亲制止了他的父亲，她告诉孩子：分数不是最重要的，重要的是你为分数付出了多少，如果你愿意今后学习努力一些，我可以让你免受这次皮肉之苦。“这样吧，”最后母亲说，“今天，我拿一些分数把这顿打给你换下来。”说完，他把孩子的试卷上的“40分”改成了“60分”。“借你20分换下一顿揍，下次考试中用及格后多余的分还我，不过，你可以分两次还，还不了我只有把这顿揍‘送’给你了。”从此以后，为了帮孩子还分，这位母亲没少在孩子身上花心思。一个月过后，孩子就在两次考试中分别以68分和74分的成绩把分还给了母亲。因此，对成绩不理想的孩子，不能一味地责罚，要想办法提高孩子的成绩。

作为明智的父母，孩子成绩好时，要及时地提醒孩子不要骄傲，帮孩子争取更好的成绩；孩子成绩差，不要忘记对孩子进行鼓励，在学习上多帮一帮孩子，使孩子有勇气面对学习上的困难。这样，孩子才能以很好的成绩回报父母。

家教智慧点拨

父母要想让孩子有个好的学习成绩，就要对孩子的分数有明智的态度，这对孩子成绩的提高是很有帮助的。

老师“家访”，不如父母“校访”

提到“家校联合”，很多父母常常这样抱怨：“我有很多问题想与孩子的老师沟通，在电话里一句两句也说不清楚，但老师却总不去我家家访。”亲爱的父母，你是不是也在消极地等待老师的家访？其实，消极地等待老师的“家访”，不如积极地去“校访”。

老师都知道家访的重要性，主动与学生父母取得联系、互通情况，有利于学校与家庭共同配合，把孩子教育好。但现实的情况是，一个班至少有几十个学生，班主任既要管理班级，做好学生的思想工作，又要备课，有时还要兼教其他班的课程，时间和精力是有限的，经常到每个学生家中进行家访是不可能的。所以，大多数班主任只对后进生或“问题”学生家访，或是等孩子出现了“问题”才去家访。如此看来，为了避免孩子出现“问题”或是防微杜渐，父母主动“校访”是很有必要的。

其实，只要能安排出时间，父母大可到学校走一趟，主动了解孩子在校的情况，这不仅可以引起老师对孩子的关注，而且还能给孩子带来很大的积极影响。

那在什么情况下，父母最适宜“校访”呢？父母在以下两种情况下应该及时与老师沟通：

1. 孩子情绪出现异常时，父母要及时“校访”

孩子的情绪有异常表现时，如脾气突然很暴躁、经常莫名其妙地哭泣……父母要及时“校访”。小学阶段孩子的年龄小、阅历浅、自控能力差，往往一件小事甚至他人一句不中听的话就会使他的情绪发生异常。在这种情况下，有些孩子能够很快平静下来，但仍有很大一部分孩子的异常情绪会持续很久，这常常会对他们的思想、学习等造成很大的负面影响，甚至会导致孩子做出一些离谱的事情来。所以，一旦发现孩子情绪异常，父母应及时与老师沟通，及时帮助孩子排除干扰。

文文妈妈发现，平时文文放学回家都有说有笑，但今天却闷闷不乐，甚至连平时最爱看的动画片也引不起她的兴趣。文文妈问她原因，她不是转移话题，就是以沉默应对。

没有办法，第二天文文妈打破往常的惯例，开车早早送她来到学校。趁此机会，文文妈与文文的班主任进行了沟通，在沟通的过程中文文妈才知道，女儿遇到了大难题——班上有个男生给她写了一封情书，她不知道该怎么办，怪不得表现出那些怪异的行为。

了解了这一情况之后，文文妈与她的班主任联合，巧妙地给她做思想工作，最终，女儿能够理智而平淡地看待这件事情了。

在小学阶段，引起孩子情绪异常的事情一般都发生在学校，如与同学发生矛盾、遭到老师的批评、收到异性的情书等。如果父母及时与老师进行沟通，便很容易找到孩子情绪变化的根本原因，从而能够针对具体问题，给孩子提供最及时的帮助。

很多父母常常说自己忙，没有时间“校访”，上述这位父母的做法就为所有的父母提供了借鉴。其实，利用早晨的一点时间就能与老师进行及时、有效的沟通。

2. 父母中的一员要出远门时，应该进行一次“校访”

在现实中，往往会出现这样一种“怪现象”：那些成绩不好的孩子，或是经常出“问题”的孩子，都是那些爸爸或妈妈经常不在家的孩子。为什么会出现这种“怪现象”呢？这与父母忽视对孩子的教育有很大的关系。父母中的一方经常不在家，另一方既要忙家务，又要教育孩子，常常会表现得有些力不从心，甚至还会降低对孩子的要求。这会导致孩子的自控力下降，从而使他们放纵自己的坏行为或坏习惯。

但如果经常外出的父母在出门之前或回来之后，能够进行一次“校访”，即使父母不经常在家，孩子也会产生这样的想法：“爸爸（妈妈）是关注我的，我一定要好好表现！”这实际上就在无意之间提高了孩子对自己的要求，并增强了他们的自控能力。

家教智慧点拨

为了孩子的健康成长，做好家校联合工作，父母消极地等待老师“家访”，不如积极地去“校访”。

父母什么样的“校访”最有效

我们提倡父母“校访”，主动与老师沟通有关孩子的情况，但在这一过程中，父母们还应该特别注意这样几点：

1. 注意与老师沟通的场合

有一种类型的父母最令老师头疼。

一次课下，王老师正在教室里批改作业，一位家长来找他。一见到王老师，她就迫不及待地“告状”：“我家那孩子简直太不听话了，每天都得我逼着他去写作业，而且还懒得出奇，书包都要我帮他收拾……”这位家长一直在说，王老师连插嘴的机会都没有。还没等王老师弄明白是怎么回事，她的孩子已经羞愧不已，正在偷偷地抹眼泪呢！

王老师急忙打断她的话，并劝她到教室外面说，但她全然不顾，还一把拉过孩子，继续在王老师面前数落他：“你哭什么哭，我说的不是实话吗？瞧你那没出息的样儿！”这一番话引得下面的学生哄堂大笑，而她的孩子则无地自容地跑开了。

我们能了解这位家长的心情，她关心孩子，教子心切，希望借助老师的威力来教育孩子。但殊不知，这种不注意场合的做法却常常是适得其反的。在老师及同学们面前数落孩子的缺点，难道孩子就会改过自新吗？答案恰恰是相反的。小学阶段是孩子自尊心发展的重要阶段，父母这种不给孩子面子的做法只会伤害孩子的自尊，使他在老师和同学面前抬不起头来，从而自暴自弃，朝着更不好的方向发展。

从老师的角度来讲，父母这种不分场合的沟通也会令老师很尴尬：父母当着老师的面数落孩子的不是，老师是说孩子“好”，还是说“不好”呢？当沟通陷入尴尬境地时，质量是很难保证的。另外，当老师急着去上课时，即使父母心里再着急，也应该把事情先放放，等老师上完课后再沟通。老师就经常遇到这种情况，越急着去上课，父母越喋喋不休地说个不停，一想到班上有几十个学生正在等着自己，作为老师，心里就会特别着急，根本没有心思听父母说什么。所以，在这里要给“校访”的父母们提个醒，只有在老师不急着上课、不急着回家，以及不急着去做其他事的情况下，他才能静下心来与你沟通，而这些时候才是你与老师沟通的最佳时机。

2. 与老师沟通时，切忌啰嗦

与老师沟通时，很多父母都喜欢无话不谈，他们认为，只有这样才能让老师更多地了解孩子。于是，由一件事往往延伸出很多件事，例如：由现在孩子不听话说到孩子小时候有多乖；由现在的坏习惯说到爷爷奶奶如何惯孩子……

老师有义务接待每一位学生父母，帮助每一位父母解决问题。但老师的时间和精力也是非常有限的，每一位老师都不可能陪父母闲聊天。所以，父母“校访”是想了解孩子在校的情况，还是反映孩子在家的表现，刚开始就应该就事论事，直奔主题。这样才有利于老师了解父母的来意，从而更加深入地帮助父母分析问题、解决问题。

家教智慧点拨

与老师沟通时，父母一定要切记这样两点：第一，不要在教室里与老师说事；第二，不要当着老师的面数落孩子。

第十辑

小学将入初中，父母和孩子要重视哪些事

针对孩子的学业来说，小学阶段才是开始，接下来的每个环节都很重要——小学升入初中就是重要的一环。在竞争激烈，优良教育资源不多的情况下，如何给孩子找个好的学校，成了所有父母在小学阶段的必修课。可是，做好哪些事才能让孩子升入满意的中学呢？

父母必知的小升初基本“规则”

很多心急的父母从孩子刚刚进入小学时就开始考虑小升初问题，这完全没必要。但如果到了小学中年级，父母还不了解小升初的基本规则，还不知道应该提前做哪些准备，那在小升初的“较量”中，孩子注定会成为一个“被动者”和“失落者”。

一位六年级孩子的家长给孩子的班主任打来电话，她用充满内疚与自责的语气对老师说：“孩子要是考不上理想的中学，我会自责一辈子！”老师一边安慰她，一边询问到底发生了什么事。

原来，事情的经过是这样的：

前段时间，这位家长听说附近的一所重点初中的培训班要招生了，孩子催她去报名，因为忙着要出差，她这样对孩子说：“招生时间挺长的呢，等我回来再报也不迟。”

但出差回来之后，等待她的却是一封“道歉信”，大概内容是这样的：因为报名的人数太多，招生提前结束了。她赶紧去招生处了解情况，最后不但是报名无路，还得到了这样一条“噩耗”：如果报不上这所学校的培训班，孩子上这所重点初中的希望就非常渺茫了。

讲述完这些之后，她仍然不忘对老师说：“我家孩子成绩很不错，而且从小就学习画画，全国奖、地方奖等拿了一大堆。听说这所学校很看重美术特长生，我们一直都觉得它是最适合孩子的。如果就因为没报上培训班而被这所学校拒之门外，我想我和孩子一辈子都不会甘心的。”

不了解小升初规则的家长们一定会问：“孩子考哪所学校与上哪个培训班有关系吗？”我们要告诉父母们的是：这两者之间不仅有关系，而且关系非常密切。当然，这还要从国家的小升初的政策说起。

在“减负”口号的影响下，国家出台“小升初不进行入学考试，学生就近入学”的政策。但大多数父母仍然希望孩子接受“更好”的教育，所以他们还是想尽办法把孩子往重点初中“推”。与此同时，各所重点初中也在以自己的方式“物色”生源。虽然它们不再公开进行考试，但很多父母都知道这样一个“公开的秘密”：每个重点学校都会开办培训班，这些培训班通常在寒暑假开办，期间会举行多次考试，它们对学生的选拔多是在这些考试中完成的。

因此，很多父母和孩子把参加自己心仪中学的培训班这一行为称为“占坑”。也就是说，进入一所学校开办的培训班并不意味着能被这所学校录取，但至少能增加参加该校最后录取面试的机会。所以，如果父母和孩子已经选好了心仪的学校，就应该早早地报名该学校的培训班去“占坑”了。除此之外，在小升初的过程中，类似的规则还有以下几点：

1. 消极等待“电脑派位”要不得

听“过来人”分享孩子升学的经验，父母们常常会听到很多专用名词，如电脑派位、推优生、特长生、共建生等。这些专用名词都是什么意思呢？父母应该如何正确看待这些专用名词呢？有多年教学的老师建议每位家长都有必要提前把它们了解清楚。

“电脑派位”是实施小升初“免试就近入学”政策的一个具体措施。即为了防止“择校风波”愈演愈烈，避免名校在各个区域内分布不合理，学校会根据孩子所在的区域直接把他派送到本区的某所中学就读。

但在多年的教学过程中发现，名校接收“电脑派位生”的比例很少，或者说，还没轮到“电脑派位生”，它们的生源就已经招满了。所以，大多数父母都不看好或根本不相信“电脑派位”，如果仅仅是消极地等待“电脑派位”，孩子只能被派送到“三流”、“四流”，甚至是不入流的学校。

2. “推优生”并不一定能进“顶尖校”

到了小学高年级，很多成绩不错的孩子的父母常常这样沾沾自喜地向别人炫耀：“我家孩子成绩好，又连续几年在班上担任班干部，被‘推优’的可能性很大。”

但在这要提醒父母们的是，先不要盲目乐观，因为不到最后，学校的“推优政策”常常没有定数。“推优生”到底是如何评选出来的呢？每个学校与每个学校的政策是不尽相同的，但从本质上讲，政策无非就这样两种：一是按班级分配具体的名额；二是按学校的排名。评选标准通常都是“综合素质＋证书”的方式，也就是说，即使孩子的成绩很好，但如果体育不达标，也很有可能与“推优”无缘；即使孩子的综合素质很棒，但证书寥寥无几，也很有可能被“推优”拒之门外……所以，在政策没有真正下达之前，父母对孩子能不能“推优”的断言都为时过早。

其实，即使孩子已经被选为“推优生”，父母也不能放松警惕。因为接下来“推优生”之间的竞争将会更加激烈。

王女士的女儿所在的小学获得了13个推优名额，在120多名毕业生中，女儿竟然在推优之列，也就是说，女儿可以免试进入全区的7所优质初中，这让王女士着实高兴了一把。

但带女儿去填报志愿时王女士才明白，自己高兴得太早了。即使获得了保送推荐资格，这几所学校也绝不是想选哪所就能上哪所。说实话，在这7所优质中学中，真正让大家削尖脑袋往里挤的学校，就那么两所。其他5所在父母们眼中就好比“鸡肋”。

令王女士出乎意料的是，同样获得推荐资格的学生还要再次排名。孩子的班主任这样解释：“好学校大家都想进，排名靠前的学生一旦把那两所‘顶尖校’的名额占满了，排名靠后的学生就没有机会了。”

这样排来排去的，王女士真担心孩子最好的学校进不去，连去一般学校的机会也耽误了。

所以，我们总结出了这样的结论：并不是所有的“推优生”都能进入“顶尖校”的。在很多时候，那些没能进入“顶尖校”的“推优生”的处境反而更加尴尬：“顶尖校”没挤进去，连进入“鸡肋学校”的机会也耽误了。

所以，如果孩子的实力不够进“顶尖校”，果断地放弃“推优”资格，向着最现实的学校努力。

3. 从孩子入学时就应注重“综合素质评价”

不论是小学评选“推优生”，还是中学的入学把关，面试官们最关注的就是孩子的“综合素质评价单”。家有小学生的父母们都知道，“综合素质评价单”比“成绩报告单”、“学期鉴定书”的范围要宽泛得多，除了这两项内容，它还包括道德品质与素养、学习态度与能力、交流合作与探索实践、运动与健康等很多内容。

如果到了小学高年级，父母才发现，每一学期孩子的“综合素质评价”都不理想，这时才临时抱佛脚地去关注孩子的道德素养、学习态度等方面，不但为时已晚，而且孩子的习惯一旦定型，将很难改变。

所以，从孩子入学之时起，父母就应该有意识地注重孩子的“综合素质评价”。如尊老爱幼、敬师帮友、学习态度积极、喜欢与人交流合作……这些行为只有在小学低年级都形成习惯，在小学中高年级才会顺利地延续下去。

家教智慧点拨

从长远角度考虑，父母要把孩子的意见当做择校重点考虑因素。另外，如果孩子想与某个好朋友到一所学校读书，父母可以与孩子好朋友的父母进行沟通，一起为孩子共谋“择校大计”。

名校还是特色校：适合孩子才是最好的

在孩子的择校问题上，很多父母“当仁不让”，他们的口号是：削尖了脑袋也要让孩子往“名校”、“特色学校”里面挤。对此，他们的理由是：“孩子进入了著名初中、特色初中，就等于一只脚踏入了名牌高中，我们做父母的就不再操心了。”

其实“名校”、“特色初中”与“名牌高中”之间并不能画等号。以下我们分别从“名校”、“特色初中”两个方面来论述：

第一，“名校”虽好，但并不一定适合你的孩子。在我们身边就有很多这样的例子：

有一个孩子在小学时的成绩不错，但学习能力并不是很强，心理素质也比较差。进入名牌初中后，因为身边都是“能人强将”，她一时陷入了极度自卑的状态，成绩一落千丈，不但对任何特长都提不起兴趣，并且很快就从一个活泼快乐的“小燕子”，转变成了整日唉声叹气、偷偷抹眼泪的“小泪人”。

不管是小学阶段还是初中阶段，孩子能够静下心来投入地学习有一个非常重要的前提条件，那就是在学习中体验到成就感。即便一个孩子在原来的小学很优秀，但在竞争激烈的名校中他常常体验不到成就感。所以，有两种类型的孩子并不适合去“名校”读书：

第一种类型是学习能力不强的孩子。一般来讲，到了初中阶段，孩子的学习能力几乎已经定型，如果孩子在小学中并不善于运用学习方法，举一反三运用新知识的能力也不强，那即使孩子成绩再突出，父母也不要轻易为他们选择“名校”。因为一个学习能力不强的孩子在名校中一定会被落在后面，这只会给他带来无尽的挫败感。

第二种类型是心理素质不强的孩子。每次考试之前，很多孩子都会表现出一定的焦虑现象，如吃不香、睡不着等。如果你的孩子考前焦虑的现象比较严重，这说明他的心理素质不是很好，那就不要为他选“名校”。在一般的学校里，压力到考前才会出现；但在“名校”里，压力无处不在、无时不在，一个心理素质不强的孩子在“名校”中是很难适应的。

第二，特色学校虽然有前途，但孩子必须要对此感兴趣。现在很多初中都以特色而著称，如英语特色、科技特色、艺术特色等。大多数父母对这些特色学校都很热衷，他们常常这样说：“这些特色学校教出来的孩子竞争力强，有前途。”于是不管孩子是否对这些兴趣和特长感兴趣，便贸贸然把他们送去这些学校。

我们郑重告诉父母们的是，只有孩子真正对某一特长感兴趣，他们才能在相应的特长学校里如鱼得水、茁壮成长。但如果父母期望特长学校能够从零开始培养孩子的特长，这种愿望不仅不能达成，甚至还会引起孩子的逆反情绪，结果得不偿失。

那父母到底如何给孩子选择学校呢？

孩子是否能在学业上取得好成绩，要靠他自己、父母以及学校三方面的努力。父母们千万不要小看“适合”这个词，名校的光环再吸引人，但如果不适合孩子，它也只能成为孩子学业发展的绊脚石。相反，适合的学校却能使孩子的潜能得到最大限度的发挥。

在特色学校的选择上也是如此，只有选择适合孩子的、孩子真正感兴趣的特长，特色学校才能真正提高孩子的竞争力。

家教智慧点拨

名校虽好，但并不一定适合你的孩子；特色学校虽然有前途，但你的孩子不一定对那些特长感兴趣。综合考虑孩子的实力和实际情况，适合孩子的学校才是最好的。

公办还是民办：实地考察最重要

一家的大人们正在为孩子“小升初”择校问题进行讨论：

妈妈：“是让孩子读家门口的那所公办学校？还是托托关系把他送到民办学校去？”

爸爸：“当然是民办学校好了，你看咱们小区的那些父母，挤破脑袋也要把孩子往民办学校送。”

爷爷："民办学校的硬件、师资、校风、校纪都要比公办学校强，就让孩子去民办学校吧！"

在孩子"小升初"择校问题上，很多父母的观念都与他们相同；小学和高中要读公办学校，但初中一定要选择民办学校。因为初中对孩子的整个学习生涯起着承上启下的重要作用，而且在初中阶段，孩子正处在容易叛逆的青春期，所以一定要选一所校风、校纪出众的学校。因此，在父母们的心目中，民办学校就是符合这些条件的最佳选择。

这些父母的观念科学吗？民办学校真的都比公办学校好吗？其实不尽然。是的，在前几年，民办学校的资金充沛，它在硬件以及师资方面都要优于公办学校。

但近年来，随着政府对教育经费投入的不断增长，以及对中小学教育监管力度的进一步加强，一般公办学校的硬件设施、师资力量和办学水平都比以往有了很大提高。也就是说，现在的民办学校与公办学校在硬件、师资方面已经平分秋色了，之前"民办学校是天堂"的神话已经被打破了。

而且，值得父母们注意的是，在经济利益的驱使下，民办学校中难免出现鱼目混珠之辈。所以，在为孩子择校时务必要谨慎，千万不要陷入"民办优质教育"的误区。

其实，不管是选择哪所学校，在决定之前，父母都不能忽视这样一项重要活动——实地考察。

在填志愿之前，根据孩子的实力，王女士锁定了两所目标学校，一所是民办学校，一所公办学校。接下来，王女士又对这两所学校进行了实地考察。王女士的考察分为这样几个步骤：到这两所学校的校园走了一圈，对学校的硬件水平进行比较；向读过这两所学校的孩子及其父母了解情况，听听他们对学校教学水平的评价；向这两所学校附近的居民了解情况，打听一下学校的校风、校纪；与这两所学校的老师进行简要沟通，听听他们对学校管理政策的评价。通过考察，王女士发现，虽然民办学校的硬件比较先进，但在"软件"方面却存在很大的问题。听附近的一位居民说，经常看到有孩子翻墙外出，这说明学校在校纪方面存在漏洞；而且据一位老师介绍，由于在工资、待遇方面并不完善，这里的老师流动性很大。经过考察和对比，王女士义无反顾地选择了公办学校。

不管是公办还是民办，一所优秀的学校要具备这样四个“支柱”：硬件、师资、校纪、管理。只有这四个支柱都不偏废，这所学校才能站得四平八稳，才足以撑起一片蔚蓝的天空，令父母和孩子们放心。而了解这四个“支柱”的最佳途径就是进行实地考察。

父母们千万不要认为对学校进行实地考察就是看一看这所学校的硬件，了解它有多少老师。实际上，它的各种“软件”也是有办法进行考察的。对此，很多人都有强有力的发言权。例如，曾经在这所学校就读的学生就是它教学水平的见证者，这所学校的老师是它管理水平的见证者，这所学校附近的居民是它校风、校纪的见证者。所以，公办也好，民办也罢，哪所学校的综合水平高，它才是孩子的最佳选择。

家教智慧点拨

在小升初的择校问题上，父母千万不要陷入“民办学校=优质教育”的误区。在做决定之前，父母一定要对目标学校进行实地考察。向在这所学校就读的孩子询问，了解其教学水平；向学校附近的居民打听，了解其校风、校纪；与这所学校的老师沟通，了解其师资力量和管理水平。

住宿还是走读，根据孩子的情况决定

即使学校已经选好，很多父母还常常被这个问题困扰：“让孩子住宿好还是走读好？”其实，这个问题要根据孩子的实际情况而定。每个孩子身上都有一定的优缺点，例如，有的孩子对父母的依赖性比较强、有的孩子自制力比较差……而“住宿”和“走读”这两种制度本身也会产生一定的优缺点。例如：住宿可以锻炼孩子的自理能力及与同学的交往能力，但由于缺乏父母的束缚，他们常常会放松对自我的要求；对于走读的孩子来说，一旦他们思想松懈或进入误区，父母能够对他们进行及时的沟通和引导，但却使他们失去了锻炼自理能力的好时机。住宿还是走读，到底如何做选择呢？

张先生的孩子自理能力很差，而且对张先生很依赖，张先生总想找个机会锻炼一下他的独立能力和自理能力。小升初之际，机会终于来了，张先生说服了孩子,为孩子办理了住宿。令张先生感到惊讶的是,一学期下来,原来连袜子都不肯自己洗的他，现在竟然也学着自己洗衣服了，而且听老师说，孩子连床铺也整理得非常干净呢。

每个孩子的成长都需要机会。对于自理能力差、依赖性强的孩子，住宿就是他们成长的一次好机会。在家里，衣服脏了有人洗、床铺乱了有人整理，但在集体宿舍里，如果脏衣服扔得到处都是、床铺总是乱糟糟的，孩子是会被惩罚的……在纪律的约束下，孩子自理的积极性就会极大程度地爆发出来。在这种情况下，住宿的优点就成了孩子改正缺点的完美催化剂。

所以，如果你的孩子身上存在这些缺点，你就应该努力地说服他选择住宿。如果孩子在学习方面的自制力差。在学校住宿，每晚都要上晚自习。自习课有同学们陪伴、老师坐镇，孩子学习的欲望会更加强烈一些。如果孩子交际能力差。住宿舍与在自己家里不同，做很多事情时需要考虑别人的感受，例如，晚上熄灯之后，即使孩子有强烈的聊天欲望，他也得忍着，因为不能打扰他人休息。当孩子懂得忍耐和站在别人的角度思考问题时，他的交际能力就会在潜移默化中得到提高。

当然，孩子在住宿的过程中，父母还应该注意要与其保持沟通。初中阶段的孩子正处于青春期，此时，他们的思想和心理正在发生着翻天覆地的变化，稍不留神就有可能进入误区。所以，父母千万不要以为把孩子交给学校自己就可以什么都不管了。虽然孩子是住宿生，但父母仍然承担着对孩子进行思想教育和心理辅导的重任。

那么，什么类型的孩子适合走读呢？

如果你的家离学校并不远，而且孩子很懂事，懂得主动学习、自理性强，交际能力也可以，那你就可以自信地让孩子走读。让初中阶段的孩子享受更多的家庭温暖，这会更有利于他们的成长。

孩子不住宿，那父母就可以在潜移默化中向孩子传授为人处世的经验以及学习方法等，可以不露声色地弥补学校教育的疏漏之处。所以，孩子的实际情况才是选择“住宿”还是“走读”的重要标准。

家教智慧点拨

老师是教练，父母是领队，孩子则是运动员，要想提高“运动员”的成绩，“教练”与“领队”缺一不可。

奥数，小升初不可少的“敲门砖”

奥数、英语与小升初有什么特殊的关系？这要从小升初的具体模式说起。

现在小学升初中的模式主要有两种：一是等待电脑派位，因为这种模式升入好学校的几率很低，大多数父母不会选择这种模式；二是择校，但并不是每个孩子都有选择学校的权利。孩子是否具有择校权，常常取决于这样三个条件：第一，课内成绩是否全优；第二，是否有奥数获奖证书；第三，是否有剑桥证书等其他英语获奖证书。如果将这三者按重要度分一下比例，课内成绩占30%，奥数占50%，英语证书占20%。所以，奥数和英语常常被父母和老师们称为小升初的两块“敲门砖”。

那如何才能让孩子得到这些“敲门砖”呢？我们先说奥数这块“敲门砖”，那些顺利进入理想学校的孩子会惊讶地发现，他们的升学之路如此顺畅，与父母的“先见之明”有着密不可分的关系。

奥数这一科目的学习，孩子是不可能在短时间内就取得好成绩的，父母的先见之明是孩子早些拿下这块“敲门砖”的直接决定因素。所以，提前准备，提前行动，是孩子早点获得奥数“敲门砖”的重要前提。

当然，如果父母已经错过了那段发挥先见之明的时期，以下几种方法还可以帮助孩子早些搞定这块“敲门砖”。

1. 与孩子共同“挑战”

对于小学阶段的孩子来说，奥数学习是非常有难度的，父母如何让他们心甘情愿、充满激情地去学习呢？一位家长有“妙招”：

周末孩子上奥数培训班时，我与他一起听课，但我们提前达成了协议，我听课并不是为了别的，而是向这个困难的科目挑战。

当然，在实际学习的过程中，我总是表现得不如孩子。例如，我常常向孩子“请教”：“这一部分内容爸爸没有听懂，你再为我讲一遍吧！”“这种类型的题目我不会做，再把解题方法给我讲一讲吧！”

就这样，孩子的奥数成绩不但一直居高不下，而且他对这个科目的学习也充满了激情！

学习中遇到困难，很多意志力薄弱的小学生是很容易放弃的。这时，家长那些“为了考上重点初中而学习”的大道理不但不会起积极作用，还常常会激起孩子的反感情绪。很多小学高年级的孩子常常苦恼地说；“我宁愿不去读重点初中，也不想再学奥数了！”为什么会这样呢？这是因为小学阶段的孩子“眼光”还不够远，如果一件事情让他很痛苦，他们往往不在乎将来会怎样，只想尽快结束这件痛苦的事情。

但如果父母肯与孩子一起向困难“挑战”，那情况就会大不相同。奥数这一科目很难，一个人向它“挑战”，孩子会觉得很痛苦；但如果父母与他一起挑战，这很有可能就会转变成一种“乐趣”。

当然，在挑战的过程中，父母需要讲究一些技巧，孩子的学习欲望与积极性才会被激发出来。就像上述那位父亲的做法，向孩子请教，让孩子为自己讲解难题，这不但可以使孩子对知识的了解更加深入，还能极大地增强孩子的学习自信心。

2. 奥数学习千万不要错过五年级这个最后关键期，那么奥数从什么时候开始学习最为合适呢？

一般来讲，三年级是孩子学习奥数的最佳时期。因为在三年级，孩子的智力发育已经比较完善，对知识的认知已经比较明确，而且对数学方面的四则运算已经比较熟悉。更重要的是，在三年级，孩子正进入一个思维方式的改变期，在这个时候开始训练他们的思维方式、解题思路，效果是最好的。所以，父母应让孩子从小学中年级就接触奥数。

如果孩子已经错过了这个最佳时期怎么办？既然孩子已经错过了三年级这个奥数学习的最佳时期，那就千万不能再错过五年级这个最后关键期了。

五年级是一个数学学习的爬坡阶段。奥数的学习在这个时期显得尤为重要。如果孩子在这个阶段对奥数进行系统学习，哪怕之前没怎么接触奥数，其成绩也可能会有大幅度的提高。

以下是一些“奥数高手”对接触奥数比较晚的孩子的建议：第一，由简单入手，但不必按部就班。到了五年级，如果孩子之前没有接触过奥数，还是从简单的知识入手比较好。一则让孩子通过简单的题目熟悉奥数；二则培养孩子的兴趣，避免接触难题打消学习积极性。虽然从简单入手，但不必像其他孩子一样按部就班地学习。与小学中年级的孩子相比，五年级的孩子在理解能力和思维能力方面有一定的优势，这时父母应该引导他们对几类专题进行分析、了解。当他们掌握了专题的解题思路后，很有可能就可以做到以点概面，迅速地过渡到小学高年级的奥数学习中。第二，制订学习计划很重要。经过一段时间的简单学习之后，父母就可以根据学习进度，与孩子一起做一个大体的学习计划。有学习计划的束缚和引导，奥数学习会更加省力。

家教智慧点拨

对于小学阶段的孩子来说，奥数这门学科虽然难学，但并不是“攻不可破”。有父母科学的配合，奥数的学习会变得容易很多。如果孩子已经错过了三四年级这个奥数学习的最佳时期，那就千万不要再错过五年级这个最后关键期。

英语证书要拿，打牢基础也很重要

每年小升初的提前应战期，很多身为“过来人”的父母常常这样分享经验：“一定要给孩子报英语‘速成班’，多参加竞赛，多拿证书，这样孩子就有资本进入重点初中了！”

这些“过来人”的经验科学吗？回答是否定的。孩子各种英语证书一大摞，但实际水平有限，也未见得就能敲开目标中学的大门；即使孩子凭借“速成”的功力得以入门，但学得快、忘得更快，“地基”没打牢的毛病很快就会暴露无遗，孩子很快会沦为班上的“落后分子”。

因此，孩子的英语学习，证书要拿，但基础一定要打牢。

那应该如何做，才能让孩子既能拿到证书，又能把基础打牢呢？其实，想让孩子做到这两点，父母一定要避免这样两个误区：

第一，不要让孩子成为“考霸”。升学在即，为了使孩子“更具竞争力”，为了争取更多的证书，很多父母的做法都是见到比赛、等级考试便报名参加。结果，很多孩子小小年纪便成了“考霸”。

一个被公认为“考证专业户”的孩子，小学二年级前，剑桥少儿英语的一至三级就全部拿下；从三年级开始学习“三一”口语，两年时间，已经通过了六级。小升初需要的“硬件”基本攒齐了。望着厚度明显遥遥领先的证书，当别的孩子向他请教经验时，他却这样说：“很多知识都是考前突击的，考完就忘了，我对英语完全不感兴趣！”

孩子升学的确需要各种证书作为“敲门砖”，但如果父母因此而逼迫孩子做“考霸”，这不但会给孩子造成负担，还会形成很多隐患。就像上述的那个孩子，为了应付各种级别的考试，他不得不死记硬背大量的单词和范文；再加上他根本没有时间消化、吸收所学到的知识，因此，不但突击记住的单词和范文会忘光，连学英语的兴趣也被考没了。

第二，不要相信英语速成的“神话”。进入小学中高年级，父母的眼球都会被社会上名目繁多的“考前冲刺班”、“速成班”、“过关班”所吸引。这些“速成班”真的能使孩子学到知识吗？

的确，通过突击，孩子可以学习到一定的知识。但如果学习时间安排得太紧，孩子根本没有消化、吸收这些知识的机会，而且也很难将其转化成自己的知识。

英语的学习是一个不断积淀、循序渐进的过程，孩子所学的知识得不到消化就好比“狗熊掰棒子”，到最后将会一无所获。

不管是在小学还是初中，一个基础没有打牢的孩子是永远也站不住脚的。因此，父母与其相信那些英语速成的“神话”，不如踏踏实实地让孩子打牢基础。

具体来讲，父母可以从以下几方面去帮助孩子：

1. 让孩子重视语法学习

在教师交流会上，很多初中的老师常常这样报怨：“到了中学，很多孩子都犯同样的毛病，口语流利、对英文写作也有信心，但就是语法错误不断。纠正、强调过很多次也不见效，这一坏毛病太顽固了。”

为什么在中学阶段孩子的语法错误会如此顽固呢？究其原因，就是小学阶段的语法学习太不到位而造成的。举个很简单的例子，如果一个孩子在小学阶段一直使用的是“中国式英语”的语法结构，到了中学阶段，即使老师纠正过很多次，他也常常会下意识地重复小学阶段的思维。所以，让孩子在小学阶段把语法学到位很重要。

如何教小学阶段的孩子学习英语语法呢？一位特级英语老师这样分享经验：小学阶段孩子的思维与成人不同，他们学习语法不宜用演绎法，即给出语法规则，让他们用这些语法造句。但他们适合用归纳法进行学习，即从众多的句子中发现语法结构相同的两个或几个句子，然后自己摸索、总结语法规律。

因此，借鉴这位老师的经验，父母在引导孩子学习语法时，不必让孩子埋头苦做那些训练语法的题目，可以让孩子多进行英语阅读。接触的句子多了，孩子自己发现、摸索语法规律的机会也会大大增加。

当然，父母也可以把同一语法的句子归纳在一起，再引导孩子去发现包含在其中的规律。

2. 引导孩子学习“音标”

小学阶段，孩子要不要学习英语音标呢？孩子发音不准影响的不仅仅是口语能力，还有听力能力以及记忆单词的能力。一个满口“中国式英语”发音的孩子很有可能听不懂纯正的英语，也有可能因为错误的发音而常常把单词写错。小学阶段是孩子英语学习的入门阶段，也是初始阶段，从这时起，让孩子掌握纯正的英语发音就等于让他们的英语学习有了一个良好的开端。音标是英语发音的基础单位，只有准确掌握这些音标，孩子的英语发音才会纯正。

如何才能让小学阶段的孩子学好音标呢？与汉语拼音对比着记忆英语音标，这真是一个不错的方法。但在记忆的过程中，父母一定要帮孩子区分这两者之间发音的细微区别，这样才能有效地避免“中国式英语”的产生。

3. 帮助孩子进行英文阅读

从小学高年级开始，如果孩子有了一定的英语基础，父母就可以引导他们进行英文阅读了。

父母们千万不要小看英文阅读的作用，从语言的认知规律来看，“听”与“读”是对知识的输入，“说”与“写”是对知识的输出。没有充足的“输入”，孩子是不可能游刃有余地“输出”的。所以，阅读是孩子语法掌握以及英文写作的重要输入源。

父母应该如何引导小学阶段的孩子进行英文阅读呢？

其实，英文阅读最难的是开端期，刚开始阅读的那些英语文章是否能激起孩子的阅读兴趣，常常决定着他今后的阅读积极性。对此，一位家长这样分享教子经验：

一次偶然的机会，我得到了一本英文版的笑话书，里面都是一些短小而好笑的小笑话。我拿着这本书对孩子说："气死我了，今天我们单位几个年轻的同事都说这本书有意思，但我一点都读不懂，你来帮我解释一下，这本书说的是什么呀？"

听我这么说，孩子来劲了，他一字一句地给我解释着，读不懂时就向字典"请教"，终于，读完一篇后，他也"哈哈"大笑起来。从那之后，孩子对那本英文笑话的兴趣一发不可收拾。

不管是进行英文阅读还是汉语阅读，小学阶段的孩子都有一个共同点，那就是"看热闹"。这时，家长不妨先迎合一下他的这种心理，找一些简单的英文版小笑话给他看。等孩子对英文阅读入门之后，再引导他进行相对复杂的英文阅读就不再是难事了。

家教智慧点拨

从小升初方面考虑，孩子的英语学习一定要拿奖，但仅仅拿奖是不够的，还必须把基础打牢。这样，才能让孩子在英语学科"可持续发展"。

升学的才艺怪象：拿奖才是硬道理

在小升初的"较量"中，一个平时很优秀的孩子被理想的初中拒之门外。问其原因，他既伤心又着急地说："怪我爸我妈，人家别的家长都知道逼着孩子去参加各种特长比赛，他们怎么就不知道逼我呢！"

这时，孩子的家长后悔地说："我一直想让孩子拥有一个快乐的童年，虽然给他报了几个特长班，却从来没有强迫他去拿过什么奖，这一切都是以‘陶冶他的情操’为出发点的。

“报名时，因为孩子没有任何证书，主管老师拒绝收他的简历，我耐着性子与那位老师理论：‘我家孩子多才多艺，你就给他一次机会吧。’没想到那位老师竟然这样回绝我：‘来这里报名的孩子都多才多艺，没有获奖证书我们如何知道他多才多艺呢？’”

难道这样的教育方式真的错了吗？让孩子拥有一个没有压力的快乐童年，这种教育理念并没有错，但在很多时候这却与现在的大形势格格不入。

一所特色初中的招生须知上明明白白地写着这样的要求：

本校只招收特长生，曾获市级一、二等奖，区级一等奖以上的学生可踊跃报名；世纪杯获奖学生录取希望不大，可先选择其他学校。

不管是特色初中还是重点初中，它们都要求孩子拥有那些名目繁多的证书。即使孩子能力再出众、才艺再多，如果缺少了那些证书做“敲门砖”，也只能像上述那个孩子一样，被理想的学校拒之门外。

这些“过来人”的惨痛经历实际上也是给小学阶段的孩子的家长们提了个醒：要端正为孩子报特长班的目的：孩子的情操需要陶冶，但拿奖才是硬道理。

其实，不仅仅特长学科需要拿奖，其他学科的学习也是如此。如奥数、英语、作文等，哪一科目缺少证书，在小升初的战斗中，孩子的竞争力都很可能会被视为“零”。

那么，为了获得更强有力的“敲门砖”，父母应该让孩子参加哪种类型的比赛呢？

关于这个问题，那些刚刚走过小升初“战场”的过来人最有发言权。以下是多位父母的经验总结：

1. 向最有“分量”的证书努力

在小升初“战场”上，哪种证书最有“分量”，一位父母对此颇有研究，以下是他的分享：

就像武器的火力有轻重一样，孩子手中证书的分量和作用也是有高低之分的，根据近几年的小升初情况，将各种证书按在小升初中所起的作用做了一个排行榜。

“超级重量级”证书：奥数证书。一般来讲，奥数证书有这样几种，按“分量”从高到低依次是：国际奥林匹克竞赛证书、华罗庚金杯竞赛证书、希望杯。奥数难学，证书更难拿，如果你家孩子拿到这几种证书中的一种，那重点初中就可以任他挑了。

“重量级”证书：作文竞赛和英语获奖证书。小学阶段作文竞赛并不多，其中春蕾杯作文竞赛是比较有权威的一项竞赛，如果孩子能拿到这个竞赛的证书，常常会令初中的老师对他刮目相看。

英语证书是每个小升初孩子必备的证书，但它的种类繁多，其中太容易获奖的证书分量很轻，父母可鼓励孩子向着分量比较重的证书努力。如“科技英语竞赛证书”，拥有这个证书，孩子会很轻易地被作为科技特长生录取：“剑桥中学证书”、“伦敦三一口语证书”，考得这两个证书并不容易，但它能充分地证明孩子的英语实力。

“有总比没有好”的证书：三好学生证书、文艺特长类证书。报名重点学校的孩子几乎每入手里都有三好学生证书，因为三好生一般都是由学校选出来的，所以在小升初的竞争中意义并不大。文艺特长类（如乐器、舞蹈）证书也是如此，“分量”不重。尽管如此，这两类证书有总比没有好。

由这些父母的分享我们不难看出，并不是每种证书孩子都必须拥有，但所拥有的证书“分量”越重，孩子就更具竞争力。所以，父母应该引导孩子向着最有“分量”的证书努力。

但父母们也应该注意这样一个问题，鼓励孩子去争取更有“分量”的证书的同时，也应该考虑到孩子的实力。如果孩子的英语水平连“剑桥少儿英语证书”都拿不到，父母就让他去参加剑桥中学英语比赛，这不但会浪费财力和精力，还会打击孩子的自信心；如果孩子连希望杯的奥数比赛证书都拿不到，父母就让他参加国际奥林匹克竞赛，这也不是明智之举。所以，鼓励孩子去参加有“分量”的比赛，这里的“分量”是相对于孩子的实力而言的。

2. 不能拿大奖，频繁的小奖也不错

每个孩子都想抱一个“超级重量级”的大奖回家，但大多数孩子的实力是有限的，大奖对于他们来说仅仅是一个遥远的梦想。这时，父母们就应该坚持这样一个实际的原则——不能拿大奖，频繁的小奖也不错。一位家长的经验是这样的：

我家孩子早就相中了几所理科见长的学校，因此在他的奥数学习上我下了很大的工夫。我仔细分析过他的奥数水平，他正处于“大奖没希望，小奖轻松拿”的阶段，因此，我对他的要求是：不必拿大奖，但频繁的小奖一定要拿；实在不行，拿个入围奖也是不错的。

最后的结果表明，我的努力没有白费，凭借那些频繁的小奖，孩子被一所理想的学校录取了。

在鼓励孩子争取大奖时，父母们要考虑到这样一个现实的问题：并不是你肯付出时间、金钱和精力，孩子就可以拿大奖，在很多时候，这与孩子的天赋也有很大的关系。就拿奥数竞赛来说，每位父母都希望孩子能获得国际奥林匹克竞赛的证书，但如果孩子在奥数方面没有天赋，他连参加这种比赛的资格都不具备，更不用说拿奖了。

所以，当孩子拿大奖没有希望时，父母就应该把目标定在“频繁的小奖”上。虽然小奖没有大奖的竞争力强，但小奖拿得多了，这也足以证明孩子的实力，让老师对他刮目相看。

家教智慧点拨

为了使孩子打好这场漂亮的“升学战”，父母一定要引起孩子对“获奖证书”的重视，鼓励孩子向有“分量”的证书努力。所拥有的证书“分量”越重，孩子就越具竞争力。

小升初对父母提出的三大要求

周末的一天，王老师处理完手头的工作正想休息，门外传来了一阵急促的敲门声。王老师打开门，一位学生家长就着急地对他说："老师，你快帮我想想补救的办法吧！如果之前我多做几手准备就好了。"

王老师急忙安慰这位父母，并请她慢慢讲述事情的缘由。她一边自我指责，一边这样讲述：因为我家孩子成绩不错，其他方面也很优秀，我们早就给他选好了两所重点学校，报名时也只报了这两所学校。但非常不巧的是，第一所学校举办考试，孩子生病没能去参加；参加第二所学校的考试，孩子发挥失常。最终孩子没被这两所重点学校录取，而其他学校又没报名，这下他连去其他学校的机会都没有了。都怨我，有什么办法可以补救呢？

说实话，在这种情况下，王老师也没有好的补救办法，只能期待孩子通过电脑派位派到一个相对比较好的学校。

出现这种情况，论责任其实都在父母，是父母的准备工作做得不够充分。小升初，确定目标学校是万里长征中的第一步，但在为孩子选择学校时，父母切不可只盯着一两所学校，否则一旦出现特殊情况，孩子连选择其他学校的机会都没有了。

在择校这一问题上，建议父母多选几个不同层次的学校。例如，报两个市重点，再报两个区重点，这样即使出现特殊情况没被市重点录取，孩子还可以去区重点就读。

其实，不仅是在择校问题上，其他很多方面父母都需要做多手准备。例如：让孩子上几个不同类型的辅导班；找多个获取小升初信息的渠道……父母的准备工作做得是否充分、到位，常常会直接关系到孩子的升学命运。

一般来讲，在小升初的准备工作中，父母们都要做到以下三点：

1. 准备工作启动要早

小升初是孩子人生中的一道“坎”，在这个跨“坎”过程中，有些父母早早地就开始做起了准备，但有些父母却在消极等待，甚至不知道从哪里入手准备。其实，要从小学中年级开始准备工作。

不同年级，做不同的准备工作。例如：三年级时，父母心目中就应该有一个大概的目标学校，是让孩子读重点初中还是普通初中呢？重点初中的录取标准是什么？普通初中对孩子有什么样的要求？这些问题在孩子读三年级时，父母就应该着手打听、了解。四年级时，父母应该有重点地让孩子参加培训班，如为孩子选择好一点的奥数培训班、英语培训班等。五六年级，父母应该把择校目标具体化，时刻关注目标学校的招生信息、录取政策，并开始为孩子准备报名材料。如提前为孩子制作一份漂亮的简历，以免临近面试时忙手忙脚准备不充分。

大多数情况下，到了小学6年级，大多数父母和孩子都会陷入慌乱状态，但如果小升初的准备工作早已启动，并按部就班地进行，这往往能极大地减少慌乱情况的产生，为孩子升入理想学校增添一分胜算。

2. 获得信息的渠道要多样化

每年小升初的政策都会有所变化，今年的政策是什么样的呢？每所学校的政策都有所不同，孩子目标学校的政策是什么样的呢？需要做哪些特殊的准备吗？

在孩子小升初之际，父母们需要时刻关注、了解这些信息。然而，在获取信息方面，大多数父母都寄希望于孩子的学校和老师，希望老师能给他们提供及时、准确的信息。

要提醒父母们的是，每个班里孩子的水平不同，所选择的目标学校也不同，学校和老师不可能了解、关注所有中学的招生、录取条件等信息。所以，父母绝不可把获取信息这一重要工作仅寄希望于学校和老师。

除了从学校和老师方面了解信息外，聪明的家长还应通过这样几个渠道来关注小升初信息：

从孩子读小学中年级开始，没事的时候，我就经常在一些小升初论坛上“闲逛”，学习那些“过来人”父母的经验，吸取他们的“教训”，当然，更多的是了解一些小升初的基本规则、政策。

当孩子进入高年级，我意外地发现，“奥数网”是一个了解小升初信息的不错平台，它上面有很多初中学校的动向“行情”信息，虽然有些鱼龙混杂，但多数信息还是靠得住的。

另外，在小升初的“战斗”中，父母可以为自己多找几个战友，如同时面临小升初问题的邻居或亲戚，在参加辅导班过程中认识的家长……大家既能相互“打气”又能互通信息，这个渠道也非常不错。

从这位家长的分享中我们不难看出，获取小升初信息的渠道是多样化的，但它却需要父母具有主动性。只会消极等待老师传达信息的父母，是不会发现有小升初论坛以及奥数网平台的。在小升初的战场上，如果你只会消极等待，没有人愿意做你的“战友”。所以，父母的积极、主动才是扩展小升初信息渠道的最佳心态。

3. 行动要迅速

在前面讲过这样一个事情：某著名初中下属的奥数培训班正在招生，一位父母却急着要出差，她看了看报名期限，出差回来仍在报名期之内，于是便放心地出差了。但她回来之后，等待她的却是一张道歉信，大概意思是说，由于大家报名踊跃，人员招满，报名提前结束。

就因为没有占上“坑”，孩子进入这所“名校”的梦想毁灭了。这位父母的经历给所有正在面临小升初的父母们提了个醒：对待孩子的升学问题，来不得半点懈怠，得到信息就要立刻行动，稍有迟钝，也许就会出现“人员已满，报名结束”的情况。

家教智慧点拨

小升初是孩子人生中的一道“坎”，父母只有早早做好准备，孩子才能顺利跨过这道“坎”。准备工作要早早启动。别的父母都在忙着为孩子选学校、报辅导班，而你还在无动于衷，那你的孩子注定要在这场“战斗”中落败。